## WALCHENSEE 6

Naturbelassene Gumpen, kantige Abgründe: Der Walchensee liegt wie ein dunkelblaues Auge zwischen Bergen und steckt voller Geheimnisse und Sportmöglichkeiten.

➤ S. 81, Tegernsee & Umgebung

## BURG IN BURGHAUSEN 7

Fast hört man noch die Pferde galoppieren. Das Städtchen am Fuß der längsten Burg Europas ist wie aus der Zeit gefallen.

*Tipp: Einen Panoramablick auf die Burg hast du vom österreichischen Städtchen Ach aus.*

➤ S. 107, Chiemgau & Berchtesgadener Land

## NEUES SCHLOSS HERRENCHIEMSEE 8

Prunkvoller Größenwahn und ästhetischer Hochgenuss – König Ludwig baute sich sein Versailles auf einer Insel mitten im Chiemsee.

➤ S. 102, Chiemgau & Berchtesgadener Land

## WASSERBURG AM INN 9

Bei einem Bummel durch die verwinkelte und liebenswerte Kleinstadt ist Italien ganz nah.

*Tipp: Der Prallhang ist der Fotospot schlechthin – der Inn schlängelt sich um windschiefe Fassaden.*

➤ S. 106, Chiemgau & Berchtesgadener Land

## KÖNIGSSEE 10

So geht Postkartenidylle: Im tiefblauen Alpensee spiegeln sich mächtige Bergriesen.

*Tipp: Gelinggarantie! Wenn die Berge sich im Wasser spiegeln, fotografiert sich das vom Schönauer Steg wie von selbst.*

➤ S. 113, Chiemgau & Berchtesgadener Land

# INHALT

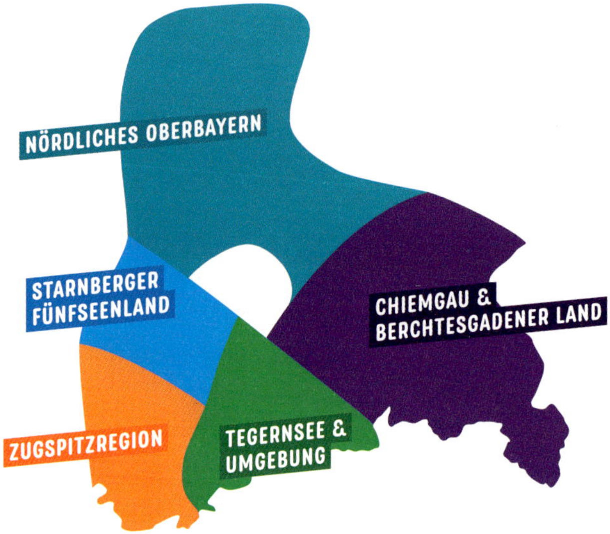
NÖRDLICHES OBERBAYERN
STARNBERGER FÜNFSEENLAND
CHIEMGAU & BERCHTESGADENER LAND
ZUGSPITZREGION
TEGERNSEE & UMGEBUNG

OBE
RBAY
ERN
INSIDER-TIPP
Deine Abkürzung ins Erleben!
Reisen mit MARCO POLO
Insider-Tipps

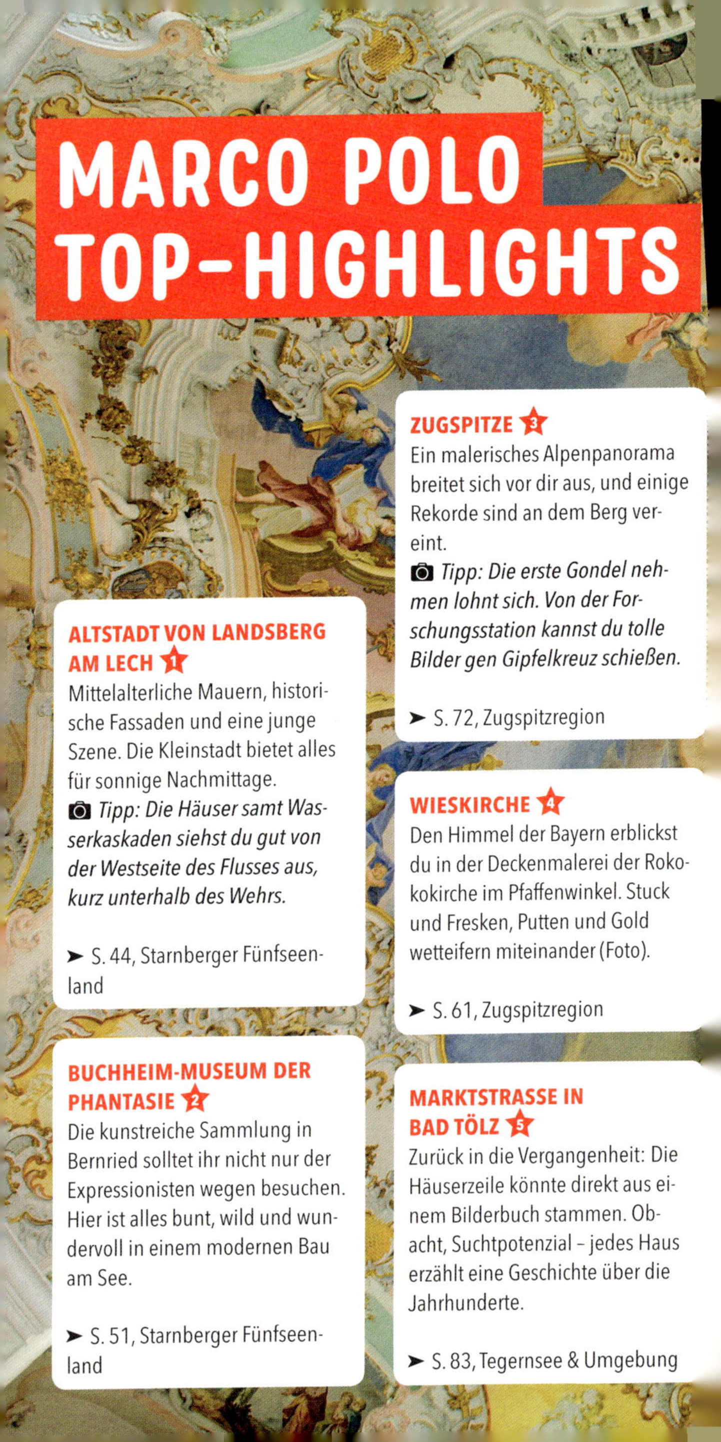

# MARCO POLO TOP-HIGHLIGHTS

## ALTSTADT VON LANDSBERG AM LECH ★1

Mittelalterliche Mauern, historische Fassaden und eine junge Szene. Die Kleinstadt bietet alles für sonnige Nachmittage.

📷 *Tipp: Die Häuser samt Wasserkaskaden siehst du gut von der Westseite des Flusses aus, kurz unterhalb des Wehrs.*

➤ S. 44, Starnberger Fünfseenland

## BUCHHEIM-MUSEUM DER PHANTASIE ★2

Die kunstreiche Sammlung in Bernried solltet ihr nicht nur der Expressionisten wegen besuchen. Hier ist alles bunt, wild und wundervoll in einem modernen Bau am See.

➤ S. 51, Starnberger Fünfseenland

## ZUGSPITZE ★3

Ein malerisches Alpenpanorama breitet sich vor dir aus, und einige Rekorde sind an dem Berg vereint.

📷 *Tipp: Die erste Gondel nehmen lohnt sich. Von der Forschungsstation kannst du tolle Bilder gen Gipfelkreuz schießen.*

➤ S. 72, Zugspitzregion

## WIESKIRCHE ★4

Den Himmel der Bayern erblickst du in der Deckenmalerei der Rokokokirche im Pfaffenwinkel. Stuck und Fresken, Putten und Gold wetteifern miteinander (Foto).

➤ S. 61, Zugspitzregion

## MARKTSTRASSE IN BAD TÖLZ ★5

Zurück in die Vergangenheit: Die Häuserzeile könnte direkt aus einem Bilderbuch stammen. Obacht, Suchtpotenzial – jedes Haus erzählt eine Geschichte über die Jahrhunderte.

➤ S. 83, Tegernsee & Umgebung

# INHALT

## MARCO POLO TOP-HIGHLIGHTS



## DAS BESTE ZUERST



## SO TICKT OBERBAYERN



## ESSEN, SHOPPEN, SPORT



# MARCO POLO REGIONEN



# ERLEBNISTOUREN



# GUT ZU WISSEN



Besuch planen
€-€€€ Preiskategorien
(*) Kostenpflichtige Telefonnummer
Essen/Trinken
Shoppen
Ausgehen

(A2) Herausnehmbare Faltkarte
(0) Außerhalb des Faltkartenausschnitts

**BESSER PLANEN MEHR ERLEBEN!**

**Digitale Extras**
**go.marcopolo.de/app/obb**

# MARCO POLO

## DIGITALE EXTRAS

Werde Teil unserer Reise-Community und folge uns auf **Instagram** und **Facebook!**

### DIGITAL NOCH MEHR ERLEBEN

1. Website besuchen
2. Die digitale Welt von MARCO POLO entdecken
3. App runterladen und ab in den Urlaub

Alle Infos zum digitalen Angebot unter **marcopolo.de/app**

# DAS BESTE ZUERST

Was Oberbayern schön macht, gibt's z. B. am Frillensee nahe der Zugspitze

# BEST OF BEI REGEN

## SCHÖN, AUCH WENN ES REGNET

### EIN MOOR IM REGEN

Regenwanderungen sind romantisch, vorausgesetzt, man ist wetterfest angezogen und rutscht nicht über glitschigen Fels. In der Moorlandschaft der *Osterseen* lauft ihr über federnde, schmatzende Böden und durch stillen Wald – und habt die sonst so überfüllte Region ganz für euch.

➤ S. 55, Starnberger Fünfseenland

### KRAFT DES WASSERS

Während das Wasser aus den Wolken meist nur rieselt, kommt es durch die sechs Rohre des *Walchenseekraftwerks* mit Gewalt angerauscht und produziert Energie – wie das funktioniert? Trockenen Fußes anschauen!

➤ S. 80, Tegernsee & Umgebung

### KLETTERMAXE

Hier tropft bestenfalls der Schweiß! Während draußen der Himmel ungnädig grollt, sind Kinder und Erwachsene im *DAV Kletterzentrum* von Bischofswiesen trocken untergebracht und bestens mit Bouldern und Abseiling abgelenkt.

➤ S. 112, Berchtesgadener Land

### ARKADENBUMMEL

Trocken wandelst du unter den mittelalterlichen *Arkaden* der Stadt Wasserburg. Starte mit einem Snack bei *La Piada,* shopp dich glücklich bei *Donna Domani* und in den Läden an der Hofstatt. Feinkost bekommst du in den Markthallen am Marienplatz. (Foto)

➤ S. 106, Chiemgau

### ALTMÜHL VON OBEN

Gerade ist kein Gleitschirm zur Hand und die Sonne hinter schweren Regenwolken verschwunden? Im Naturerlebnisraum des *Informationszentrums Naturpark Altmühltal* scheint sie immer, und das Fliegen mittels virtueller Technik macht richtig Spaß.

➤ S. 119, Nördliches Oberbayern

# BEST OF
## LOW-BUDGET

### FÜR DEN KLEINEN GELDBEUTEL

**FÜRSTLICH SCHLITTSCHUH LAUFEN**

Weil er nicht besonders tief ist, friert der *Pilsensee* am Fuß des fürstlichen Schlosses Seefeld schnell zu. Dreh deine Pirouetten in romantischem Winterambiente und ohne Eintrittsgebühr!

➤ S. 49, Starnberger Fünfseeland

**WELLNESS FÜR DIE HAUT**

... und das Haar und die Lunge und die Seele gibt's im *Gradierhaus* in Bad Reichenhall für ganz umsonst. Dort verdampft im Kurpark mineralisches Solewasser, dem heilende und verjüngende Kräfte nachgesagt werden.

➤ S. 110, Berchtesgadener Land

**SCHMELZÖFEN UND LINSEN**

1807–19 arbeitete der Optiker Joseph von Fraunhofer im *Kloster Benediktbeuern* an bahnbrechenden Verbesserungen optischer Linsen. Seine Werkstatt ist kostenlos zu besichtigen.

➤ S. 82, Tegernsee & Umgebung

**MEDITATION IM WELTERBE**

In der *Wieskirche* gibt's Konzert, Meditation und Kultur in einem – für eine Spende in den Opferstock. Mittwochmorgens spielt ein Musiker ein Gratiskonzert und bringt dir so das Unesco-Kulturerbe auf schönste Art nah.

➤ S. 62, Zugspitzregion

**JACUZZI À LA NATURE**

Was die *Isar* bei Hochwasser gefährlich macht, macht sie an Sommertagen zum natürlichen Whirlpool: Bei Bad Tölz verwirbelt sich das Wasser. Die Kiesel als Grund geben dir eine Gratismassage (Foto).

➤ S. 83, Tegernsee & Umgebung

**LEBENDIGES KUNSTHANDWERK**

Möchtest du den Oberammergauer Herrgottsschnitzern bei der Arbeit zusehen? Im *Pilatushaus* zeigen sie ihr Können, live und ohne Gebühr

➤ S. 66, Zugspitzregion

# BEST OF

## MIT KINDERN

### SPANNENDES FÜR GROSS & KLEIN

#### MIT ALPAKAS WANDERN

Bei der *Wanderung mit den netten Tieren* bewältigt ihr die einfachen Steigungen der Tour im Chiemgau mit einem Lächeln. Und die kuschelige Meghan und ihre Freunde freuen sich jederzeit über Krauleinheiten im Lamafell.

➤ S. 104, Chiemgau

#### REISE IN DIE VERGANGENHEIT

45 000 Jahre ist das Mammut in Siegsdorf alt. Sein riesiges Skelett könnt ihr im *Naturkundemuseum* bestaunen. Was sich sonst noch in der Urzeit tummelte, zeigt die spannende Ausstellung, zu der auch ein Aquarium gehört.

➤ S. 105, Chiemgau

#### AUF SCHATZSUCHE

Tief, tief in den Berg geht die rasante Fahrt mit der Grubenbahn ins *Salzbergwerk Berchtesgaden.* Über Rutschen und einen ganz ruhigen See führt dich dein Weg zum Weißen Goldschatz.

➤ S. 111, Berchtesgadener Land

#### FLUSSFAHRT

Mit vereinten Kräften könnt ihr es schaffen! Mit dem *Kanu* geht es auf eine spritzige *Erkundungstour* über die Altmühl.

➤ S. 119, Nördliches Oberbayern

#### RODELN IM SONNENSCHEIN

Am *Blomberg* geht's das ganze Jahr bergab. Über 1 km führt die Bahn ins Tal. Doch Achtung, es geht ganz schön rasant dahin: Kinder ab acht düsen pfeilschnell davon, alle kleineren nehmen auf dem Schoß der Eltern Platz (Foto).

➤ S. 84, Tegernsee & Umgebung

#### HEY, HEY WICKIE

Das *Originalfilmdorf* der Wikingerhelden aus „Wickie und die starken Männer" gibt es am Walchenseee zu erkunden. Für Regisseur Michael „Bully" Herbig war kein Ort mehr Fjord als der tiefe Gebirgssee, der ruhig vor dir schimmert. Der Eintritt ist umsonst.

➤ S. 82, Tegernsee & Umgebung

# BEST OF

## TYPISCH

### DAS ERLEBST DU NUR HIER

**HIMMLISCHER DREIKLANG**

Beten, Bier und Barock – in *Kloster Andechs* ist die bayerische Trinität in ihrer sinnlichsten Form vertreten: mit Wallfahrt, Klosterkirche und Bräustüberl. Und an einem heißen Tag wird dir nach der Wanderung hinauf beim ersten Schluck Radler vielleicht sogar ein „Hallelujah" entfahren.

➤ S. 49, Starnberger Fünfseenland

**BREZEL DICH AUF**

Ein Dirndl kleidet jede Frau, egal welche Figur, egal welches Alter – glaubst du nicht? Dann schau in Burghausen bei *Barbarino Tracht* vorbei. Hier werden die Dirndl zu fairen Preisen maßgeschneidert und sind zeitlos schön.

➤ S. 108, Chiemgau

**KÖNIGSSCHLOSS**

Was wäre Oberbayern ohne König Ludwig II.? Um einige Attraktionen ärmer! Unter den eigenwilligen Traumschlössern des „Kini" erscheint das Jagdschloss *Linderhof* im Rokokostil als das vollendetste.

➤ S. 67, Zugspitzregion

**DORFIDYLLE AM SAMERBERG**

Ein barocker Kirchturm, ein behäbiger Gasthof, lüftlbemalte Bauernhäuser, der Geruch nach frisch gemähten Wiesen und Rindviechern – in den Samerberger Dörfern *Grainbach, Roßholzen* und *Törwang* (Foto) wirkt das Oberbayernidyll wie Realität. Stimmt natürlich nicht ganz, aber die Illusion ist zu schön!

➤ S. 99, Chiemgau

**360 GRAD VOM HOCHFELLN**

Vom Untersberg im Osten über den Wilden Kaiser im Süden und den Wendelstein im Westen bis zum Chiemsee im Norden: einmal auf dem *Hochfelln* um die eigene Achse drehen, und Alpen- und Voralpenwelt liegt dir zu Füßen! Belohn dich mit Kaiserschmarrn in der urigen Gipfelhütte.

➤ S. 101, Chiemgau

# SO TICKT OBERBAYER

Waldfestzeit am Tegernsee? Da schlüpfen die Oberbayerinnen in ihre Tracht

# ENTDECKE OBERBAYERN

Blühende Wiesen, glückliche Kühe, Schäfchenwolken – Oberbayern in Ferienstimmung

**Dramatische Berggipfel, Weiden mit grasenden Kühen, prunkvolle Kirchen, Traumschlösser und jodelnde Bergbauern: Keine Region in Deutschland weckt solche Bilderbuchvorstellungen wie das südliche Ende des Freistaats. Hier wurzelt Tradition noch tief, doch haben sich die Einwohner auch den Fortschritt auf die weiß-blaue Fahne geschrieben.**

## LAPTOP UND LEDERHOSE

Am besten ist das zu erkennen in der Politik: Das Ziel ist es immer, alle anderen zu übertreffen – der sogenannte bayerische Sonderweg. Doch gibt das Ergebnis der regierenden CSU recht. Die niedrigste Arbeitslosenquote, das größte Pro-Kopf-Bruttoinlandsprodukt, der beste Freizeitwert, die meisten Touristen. Für die wirtschaftliche Entwicklung war vor allem Edmund Stoiber verantwortlich, Ministerpräsident von 1993 bis 2007. Unter dem Motto „Laptop und Lederhose" förderte er alles, was

**15 v. Chr.** Die Römer besetzen das Gebiet nördlich der Alpen bis zur Donau

**5.–6. Jh.** Die Bajuwaren wandern ein und gründen das Herzogtum der Agilolfinger

**Ab dem 12. Jh.** Herrschaft der Wittelsbacher; Erbfolgestreitigkeiten führen zu Landesteilungen

**17. Jh.** Dreißigjähriger Krieg und Pestepidemien

**18. Jh.** Blütezeit von Barock & Rokoko

**1803/05** Max IV. Joseph gründet das Königreich Bayern

nach Hightech und Biotech klang. Firmen wie Google, SAP und Amazon zogen nach München. Und tatsächlich ist einer der liebsten Arbeitsplätze der Bayern der Biergarten, wo sie unter Kastanien in den Laptop hämmern.

## SPÜRBARE TRADITION

Neben allen Bits und Bytes sind es aber immer noch Hahn und Kuh, die das Leben hier strukturieren. Viele Urlauber suchen genau das und finden Brauchtum nicht als folkloristische Inszenierung, sondern als gelebten Alltag. Selbst Oberbayern, die ihren Lebensunterhalt als Bankmanager oder Luftfahrtingenieure verdienen, erneuern die Lüftlmalereien am Haus, folgen den Fronleichnamsprozessionen und treffen sich am Stammtisch. Althergebrachtes und Moderne widersprechen sich nicht. Das gilt besonders für die oberbayerische Küche, die durch wiederentdeckte Gemüse und Schmorrezepte moderner denn je ist. Auch Volksmusik erlebt eine Renaissance: Der Ruf der Chiemgauer Band LaBrassBanda reicht bist nach Tokio. Den Chiemgau in die Welt bringen auch die Huberbuam, Thomas und Alexander Huber, Weltklassekletterer mit Hang zu Kamikaze-Aktionen und rotzfrechem Charme. Trotz internationaler Popularität würden sie ihre Wurzeln nie aufgeben.

## SOMMERFRISCHE FÜR DIE HAUTEVOLEE

Seit jeher ist der Landstrich ein Sehnsuchtsort. Könige und der Adel unterhielten im 19. Jh. Jagdschlösser und Berghütten; Literaten und Künstler suchten um 1900 Inspiration im Blauen Land, an Chiemsee und Starnberger See; auch heute zieht sich so mancher stressgeplagte Schauspieler, Fußballstar oder Politiker ins

**1864–86**
Ludwig II. wird 19-jährig König von Bayern und baut seine Schlösser

**1933**
Hitler macht den Obersalzberg zur 2. Regierungszentrale nach Berlin

**1946**
Die Verfassung des Freistaats Bayern wird per Volksentscheid angenommen

**2017**
Die neue Seilbahn der Zugspitze öffnet – ein 50-Mio.-Euro-Projekt mit drei Weltrekorden

**2020/2021**
In ganz Bayern kommt es wegen dem Covid-19-Virus zum Lockdown

Oberbayerische zurück. Die Eliten waren Wegbereiter für den Pauschaltourismus: Ab 1933 unterhielt das Reisebüro Carl Degener eine wöchentliche Bahnverbindung von Berlin nach Ruhpolding und legte damit den Grundstein für einen Hype, der anhält: Jährlich kommen 18,8 Mio. Menschen nach Oberbayern – seit Corona immer mehr Deutsche.

## DIE ALPEN ALS KULISSE

Panorama ist dabei immer inklusive: Von München steigt das Land in sanft gewellten, von eiszeitlichen Gletschern aufgetürmten Höhenzügen allmählich an. Seen schmiegen sich zwischen die Moränenhügel oder liegen am Fuß der Hausberge, die selten die 2000 m übersteigen. Dann wechselt die Szenerie ins Schroffe; steil streben Felswände der nördlichen Kalkalpen über die Täler. Von den Ammergauer Alpen im Westen über das Karwendelgebirge bis zu den Chiemgauer und Berchtesgadener Alpen im Osten türmen sich Felspyramiden und Gipfelkuppen. Im südlichen, weitaus größeren Teil Oberbayerns sind es die Kontraste zwischen Weite und Höhe, zwischen Wildfluss und Bergsee, die berühren. Das Oberbayern nördlich von München, das bis zu Donau und Altmühl reicht, ist eine Region für Genussradler, Kunstfreunde und Autofans.

## NATUR, NICHT MEHR GANZ PUR

Was so idyllisch wirkt, ist aber nicht unberührte, sondern von alters her genutzte Natur. Im 16. Jh. wurden die Wälder rund um Reichenhall so rücksichtslos als Brennmaterial fürs Solekochen abgeholzt, dass nichts mehr übrig blieb und die Salzsieder nach Traunstein umzogen – wo sie den Kahlschlag fortsetzten. Die Landschaft bei Penzberg, Miesbach und Hausham im Herzen des Oberlands war im 19./20. Jh. vom Bergbau geprägt. Die Abraumhalden verwandelten sich mühelos in extraterrestrische Drehorte fürs „Raumschiff Orion". In den 1950er-Jahren wurde ein malerisches Tal im Karwendel geflutet und das Dorf Fall versenkt, damit das im Sylvensteinsee gestaute Isarwasser Turbinen antreiben kann. Bergbahnen, Skilifte, planierte Abfahrten domestizierten die Landschaft. Und weil Natur an sich nicht mehr spannend genug ist, wird sie „aufgewertet": Mit Klettersteigen oder den beiden Stahlarmen der Aussichtsplattform Alpspix, die als Fremdkörper in den Bergen wirkt.

## EIN LAND WIRD GRÜN

Der Protest von Naturschützern ist laut und zeigt Wirkung: $CO_2$-neutrale Hotels und Solarpaneele auf Dächern bahnen sich den Weg. Tegernseer Milchbauern gründen genossenschaftlich eine Käserei mit Biozertifikat, die Werdenfelser machen sich für die Wolle ihrer Schafe stark. Auch die Politik wandelt sich: Die Grünen sind auf dem Vormarsch und längst gibt's an der Imbissbude Besteck aus gepresstem Maiswasser. Nur am Schweinsbraten hält der Oberbayer fest. Ein Sturkopf ist er eben doch.

# AUF EINEN BLICK

**4,6 MIO.**
**Menschen leben in Oberbayern**

Ganz Bayern: 13 Mio.

**190 m**
**tief ist der Königssee – eins der tiefsten Gewässer Bayerns**

Pilsensee: 17 m

**1,4 MIO.**
**Besucher kommen jedes Jahr nach Neuschwanstein**

Berliner Mauer: 1,2 Mio.

**DIE MEISTEN ORTSTEILE HAT DAS DORF RUDELZHAUSEN BEI FREISING:**
**50**

bei 3400 Einwohnern

**130 L BIER**
**trinkt ein Bayer im Schnitt pro Jahr**

Engländer: 67 l

**NATURSCHUTZGEBIETE in Oberbayern**

**133**

Schleswig-Holstein: 203

50 000 Euro ist eine Briefmarke aus dem Jahr 1849 wert. Die „Schwarzen Einser" des Königreichs Bayern waren die ersten Marken Deutschlands

**1830**

Laiendarsteller wirken bei den Passionsspielen in Oberammergau mit

**270 KILOKALORIEN**
hat eine Weißwurst
Schweinsbraten: 450 kcal

**150 KG WOG MÄRCHENKÖNIG LUDWIG KURZ VOR SEINEM TOD MIT 40 JAHREN**

# OBERBAYERN VERSTEHEN

## GLAUBENSFRAGE

Dem Bayern ist sein Bier heilig. Und ja, es ist auch eine Glaubensfrage. Die meisten mögen Augustiner, Andechser dunkel und ab und an ein Paulaner. So weit die Masse. Aber die Spezialisten kennen natürlich die kleinen Brauereien. Wie das Tegernseer Hell von eben diesem See, Flötzinger Bräu aus Rosenheim und das Craft Bräu aus Dießen (das übrigens kein Craft Beer im herkömmlichen Sinne ist, sondern viel besser). In Bayern gibt es rund 30 000 Hausbrauereien. Was das bedeutet? Nun, fang an zu glauben: Bayerisches Bier ist das beste auf der Welt.

## MÄRCHENWELT

Familie ist das Größte. Vor allem, wenn man zu den Größten gehört und eigentlich Menschen nicht mag. So ging es Kaiserin Elisabeth von Österreich – kurz: Sisi – und König Ludwig II. – kurz: Kini (das bedeutet „König" auf Bairisch) im 19. Jh. Für Cousin und Cousine war der Starnberger See ihr „Happy Place". Sisi ist hier aufgewachsen und der Lui, wie Bayern manchmal sagen, kam in sein Schloss im Örtchen Berg, wenn die Realität zu stark in seine Traumschlosswelt einbrach. Die beiden trafen sich heimlich auf der Roseninsel auf dem Starnberger See, damals Würmsee genannt. Das Ende dieses bayerischen Märchens ist traurig: Sisi wurde 1898 ermordet, der Kini ertrank 1886 im flachen Seewasser auf bis heute nicht geklärte Weise. Geblieben ist ein Mythos, so undurchdringlich wie die Schlingpflanzen des Sees.

## GOLDMÄDELS

Egal ob Ruhpolding oder Olympische Spiele: Ganz Oberbayern fieberte mit seinen Lokalmatadoren im Biathlon mit. 63 Medaillen sackte Magdalena Neuner bis zu ihrem Rücktritt 2012 ein, und auch Laura Dahlmeier ließ die Bayern mit drei olympischen Medaillen 2018 aufjubeln. Die Goldmädels, beide geboren an der Zugspitze, verhalfen dem einst so biederen Sport des Langlaufs zu neuer Popularität. Neuners Standardstrecke, die „Kanada-Loipe" bei ihrem Heimatort Wallgau, ist bekannt, und auch die Biathlonzentren in Kaltenbrunn und Reit im Winkl verzeichnen immer mehr Neugierige, die einen Kurs belegen wollen. Das Gute: Anders als beim Alpinski kann Langlaufen wie auch Biathlon jeder ausprobieren, egal welche Vorkenntnisse, welche Kondition oder welches Alter er hat.

## HEILIGE ZWIEBEL

Keine Frage der Ästhetik, sondern eine des Stolzes: Dass Zwiebeltürme viele Kirchen schmücken, liegt zum einen daran, dass man ähnlich schick bedeckt sein möchte wie die Frauenkirche in München – angeblich kam die Vorlage aus Venedig. Aber es liegt auch daran, dass es einiges Geschick der Zimmerleute erfordert, den Dachstuhl perfekt zu formen. Im Barock

Vorbild für den lokalen Nachwuchs: Laura Dahlmeier beim Biathlon-Weltcup in Ruhpolding

und Rokoko trat die heilige Zwiebel ihren Siegeszug durch Oberbayern an. Besonders schöne Türme: St. Bartholomä am Königssee, Wilparting am Irschenberg, Pfarrkirche in Aschau, Kloster Seeon im Chiemgau, St. Sebastian in Ramsau, St. Nikolaus in Höslwang, St. Johannes an der Zugspitze (Obergrainau), St. Peter und Paul in Oberammergau und natürlich die berühmte Wieskirche im Pfaffenwinkel.

## HOHE DIPLOMATIE

Auf Bayern schimpft nur einer: der Bayer. Der Oberbayer schimpft auf den Niederbayern, der Dachauer auf den Münchner, der Münchner auf die Franken und so weiter. Nur in einem verstehen sie alle keinen Spaß: Wenn ein „Preiß", also ein Nicht-Bayer, etwas an Bayern auszusetzen hat. Dann soll er halt bittschön heimgehen. Oder wie der Bayer sagt: „Der Himmel ist da, wo koa Preiß is." Klingt böse, so meint er es aber gar nicht. Der Bayer liebt nur seine Heimat und beschützt sie wie eine Entenmama ihr Küken. In diesem Sinn: Lass sie schimpfen, aber stimm niemals mit ein. Der Bayer hat am Ende sowieso recht. Immerhin kommen jedes Jahr so viele Besucher her wie in kein anderes Bundesland. Und: Selbst der Japaner kennt Weißwürscht und Lederhosen, aber eben nicht Labskaus und Schiffermütze.

## ANTIKES GRAFFITI

Warum die farbigen Fresken auf Häusern des Voralpenlands Lüftlmalerei genannt werden, ist umstritten. Weil einer der berühmtesten Lüftlmaler, Franz Seraph Zwinck aus Oberammergau, angeblich im Lüftl-Haus wohnte? Oder weil sie im Freien, also an der Luft, aufgetragen werden? Der Brauch, Häuser mit Motiven zu schmücken, die Auskunft über den Beruf ihrer Bewohner oder über deren Funktion geben, geht aufs 18. Jh. zurück. Auch rein dekorative Malereien wurden in der Freskotechnik, also direkt auf den noch frischen Verputz, aufgetragen, der sich beim Trocknen mit der Farbe untrennbar verbindet. Ein schönes Beispiel hierfür ist die Mittenwalder Pfarrkirche.

## BERGWUNDE

Zwei Jahre dauerte das Genehmigungsverfahren für den Ausbau des durch den Klimawandel schneearm gewordenen Skigebiets Sudelfeld: Durch den Aushub eines 155 000 $m^3$ großen Speichersees kann nun das gesamte, 71 ha große Areal künstlich beschneit werden. An den Gesamtkosten von 15 Mio. Euro beteiligte sich der Freistaat großzügig mit 3,1 Mio. Dabei verhallten die Proteste des Alpenvereins, des Bunds für Umwelt & Naturschutz als auch privater Skiliftbetreiber. Der wirtschaftliche Gewinn stand über allem. Was der Wanderer im Sommer davon hat: die hässliche Wunde eines gigantischen, in die Almwiesen gehauenen Wasserbeckens mit Staumauer unterhalb der Walleralm. Seit Kurzem wird über einen Erlebnispark im Sommer am Hang diskutiert – um von der schwärenden Wunde abzulenken.

## BLECHBLOASNMUSIK

Sofort schießt einem die Spider Murphy Gang in den Kopf: „Skandal um Rosi!". Ein Lied, das jeder Bayer bis heute kennt und mitsingt (alte Quizfrage am Biertisch: Wie heißt Rosis Nummer? Antwort: 32 16 8). Bayerische Musik entwickelt sich zum Ren-

Lässig rockt die Chiemgauer Band Django 3000 über alle musikalischen Grenzen hinweg

ner. Allen voran die Brassband *LaBrassBanda* mit ihrem Frontman Stefan „Sepp" Dettl aus Übersee am Chiemsee, die ganze Stadien mit ihrem Blechblaspop füllen. Etwas rockiger sind die Chiemgauer *Django 3000,* die mit „Bonaparty" 2015 einen großen Hit landeten. Die *Sportfreunde Stiller,* die in einem Vorort von München anfingen, sind schon lange landesweit bekannt – vielleicht, weil sie die einzigen sind, die man außerhalb Oberbayerns versteht, singen sie doch nicht im tiefsten Dialekt.

### REKORDHALTER

Starnberg ist einer der Orte mit der höchsten Millionärsdichte Deutschlands. Die Zugspitze der höchste Berg Deutschlands, der Chiemsee der größte See Bayerns, Schloss Neuschwanstein mit 1,4 Mio. Besuchern jährlich die am meisten besuchte Sehenswürdigkeit des Lands. Die älteste Brauerei der Welt ist Weihenstephan mit einer

## KLISCHEE KISTE

### WURSTREGELN

Wer meint, die Regeln des Spanischen Königshofs seien streng, setze sich an den Wirtshaustisch: Wer „ein Maß" bestellt, fällt durch, wer nicht anstößt, hört „Nur a Schwein trinkt allein". Wie ihr die Weißwurst schneidet, gut genug ist's nie. Und wehe, ihr bestellt sie nach 12 Uhr! Da wird geschimpft – und ihr dürft zurückschlagen: Dass es sie nur bis Mittagsgeläut gibt, stammt aus der Zeit, als es keine Kühlung gab, das Brät schnell verdarb.

### GRANTLERIE

Das Granteln ist oft als rüpelhaft verkannt. Dabei ist es das größte – zugegeben versteckte – Kompliment überhaupt. Grant muss man sich verdienen: Er ist doppeldeutig, philosophisch und nur so beleidigend, dass der andere sein Gesicht wahrt. Wenn du also „A Hund is a scho" hörst, lächle: Mehr Ehr gibt's ned!

### TRACHT OHNE MACHT

Bayern tragen Tracht. Nun ja. Nicht wirklich. Und immer weniger. Der 2020 initiierte „Trachtenfreitag", bei dem die Oberbayern in Dirndl und Lederhose ausgehen sollten, setzte sich nicht mal im Trachtenmekka Garmisch durch. Die Bayern schwimmen lieber gegen einen Trend an. Und tragen jetzt Trachtenröcke und Krachlederne zu T-Shirt und Sneakern.

Schanklizenz aus dem Jahr 1040. Und die Arbeitslosenquote von drei Prozent ist die niedrigste in ganz Deutschland. Für die 4,6 Mio. Oberbayern (übrigens: der bevölkerungsreichste Bezirk des Freistaats) ist ihre Heimat einfach nur eine Insel der Glückseligen.

## TRACHTENSACHEN

Mit dem Dirndl ist es wie mit dem Flirten: Subtil wirkt am besten. Besonders in den Dörfern legt man noch Wert auf ein klassisches Dirndl. Also eines aus gutem Stoff, im klassischen Schnitt. Jede Region hat ihre eigenen Farben und Muster. Allgemein gültig ist die Schleifenregel: Schleife links – ledig; Schleife rechts – vergeben; Schleife vorn mittig – Jungfrau; Schleife hinten – verwitwet. Oder es ist die Kellnerin ... Bei der Lederhose gilt: knieumspielt, am schönsten mit grüner Stickerei und bitte aus Hirsch- oder Wildbockleder. Alles andere ist ein Schmarrn! Preußen tragen dazu ein rotes Karohemd, Bayern ein weißes Trachtenhemd.

## GIPFELPOST

Es ist ein Job aus Familientradition: Andreas Oberauer liefert täglich Briefe auf die 2962 m hohe Zugspitze. Seit er 1995 das Amt von seinem Vater übernahm, ist er damit offiziell der Postbote, der an die höchst gelegenen Briefkästen Deutschlands ausliefert. Hoch kommt er jeden Tag mit der neuen Seilbahn, um Briefe und Pakete zur Forschungsstation und in die Wirtshäuser zu bringen. Außerdem leert er den Briefkasten am Gipfel und stem-

Und plötzlich putzen Föhnwolken die Sicht aufs schneebedeckte Wettersteingebirge frei

pelt täglich bis zu 2000 Postkarten mit der Postleitzahl „82475 Zugspitze" ab. Was er an seinem Job liebt: „Es gibt immer irgendwas Neues zu sehen, wenn du die Felswände betrachtest. Es sind solche Kleinigkeiten, die das Leben ausmachen."

## SCHÖNER SCHMERZ

Nur wer in Bayern geboren ist, spürt ihn: diesen pochenden Kopfschmerz, der sich bei Föhnwetter bis in die Haarspitzen ausbreitet. Alle anderen spüren: nix. Und doch: Man sollte dieses bayerische Leiden, das bei manchen so stark ausgeprägt ist wie die Männergrippe, durchaus ernst nehmen. Zieht der trockene und warme Fallwind über die Alpen nach Oberbayern, wird dem Einheimischen „flirrig" im Kopf. So fährt er dann auch Auto: Augen zusammengekniffen, etwas von Sinnen und wahrlich mürrisch. Das Gute am Föhn ist ein blitzblank geputzter Himmel und ein spektakuläres Bergpanorama. Von jedem Hügel, jedem Turm und jedem 1. Stock aus sieht man die Alpen strahlen, so klar und nah, dass man sofort ein Foto für die Ewigkeit machen möchte. Die trockene Luft wirkt wie ein Vergrößerungsglas und zieht die Berge vor die Haustür. Doch ohne Profi-Equipment klappt das Foto meistens nicht. Und das bereitet dann sogar Besuchern Kopfschmerzen.

## VIPOLOGIE

Fernab der Münchner Szeneclubs trifft man sie außerhalb der Stadt ganz bodenständig: die Helene Fischers, Manuel Neuers, Uli Hoeneß und Peter Maffays. Sie leben in Oberbayern in ihren Villen – genauso wie der König von Thailand (ja, der echte). Der ist aber auch der Einzige, der sich abschirmt. Die anderen kaufen ihren Fisch beim Dechant in Starnberg, genießen ihr Helles auf Gut Kaltenbrunn am Tegernsee oder lassen sich in Aschau in der Seilbahn nieder. Der Bayer selbst: Schaut ned hi! Warum auch? Ist doch nur der Peter oder eben der Uli. Stars gehören hierher wie der süße Senf auf den Leberkäs.

## WORTAKROBATEN

Wusstest du, dass Momo, die kleine Hexe oder auch Jim Knopf eigentlich Oberbayern sind? Zumindest wurden sie hier auf dem Papier geboren. Sowohl Michael Ende als auch Otfried Preußler lebten hier. Der Erfinder von Momo in Garmisch, der der Hexe am Chiemsee. Die Berglandschaft scheint überhaupt Autoren zu inspirieren. Im 19. Jh. kamen die ersten Heimatromane auf, zuerst ein bisschen kitschig wie „Der Jäger von Fall" von Ludwig Ganghofer, die die heile Bayernwelt preisen. Die Reihe der Autoren ist lang – von Lena Christ über Lion Feuchtwanger und Oskar Maria Graf bis zu Ludwig Thoma. Immer noch regen die Landschaft und die Eigenarten ihrer Bevölkerung die Kreativen zu neuen Romanen an. Besonders schneidig-derb hat das zuletzt Josef Bierbichler in „Mittelreich" aufs Papier gebracht. Heiter-skurril wird es in den Eberhofer-Krimis von Rita Falk aus Oberammergau.

# ESSEN SHOPPEN SPORT

Draußen an kariert gedeckten Tischen tafeln – Oberbayern pflegt die Klischees

HOTEL
GASTHOF
Alpenrose

# ESSEN & TRINKEN

## MODERNE ALPENKÜCHE

Lange galt die bayerische Küche als ländlich und derb: Gesottenes oder Gebratenes vom Schwein, Krautsalat und Knödel. Seit einigen Jahren ist aber eine neue Generation von Küchenchefs dabei, Altbewährtes modern zu verfeinern. Aus der einfachen Bratensülze werden delikate Bratensulzeckerl mit Kernölvinaigrette (Alpenrose, Grainbach), der typische Saibling verwandelt sich in eine elegante Saiblingsmousse mit Kräutersalat (Zum Blauen Reiter, Kochel), und das robuste Fleischpflanzerl erklimmt als Rehfleischpflanzerl mit Maronen und Kürbis (Reindls, Garmisch-Partenkirchen) bis dato unbekannte kulinarische Höhen.

Trotzdem: Der Schweinsbraten bleibt der Klassiker schlechthin und gilt als Qualitätssiegel für ein Restaurant: Die Kruste muss krachen, der Kartoffelknödel die Soße schön ziehen und an den Krautsalat kommt ordentlich Kümmel. Wiederentdeckt wird das Rindfleisch: als zarter, gekochter Tafelspitz mit Wurzelgemüse und Meerrettich oder kalt als Sülze. Im Herbst bringen die Häuser oft Rehrücken und Hirschgulasch mit Spätzle oder Fingernudeln auf den Restauranttisch. Lamm ist eine Spezialität des Altmühltals und gilt wegen des aromatischen Geschmacks als große Delikatesse.

Backhendl oder Bauernente ziert so gut wie jede Speisekarte. Gans hingegen wird nur im letzten Viertel des Jahres zubereitet, traditionell an Kirchweih, dem 3. Sonntag im Oktober, dann mit Knödeln und Blaukraut.

## FANGFRISCH

In Restaurants am See solltest du unbedingt Saibling oder Renke probieren. Ob gegrillt oder mit Kräutern gebraten, manchmal auch als Mousse, Matjes, Tartar oder Räucherfisch – alles kommt fangfrisch an den Tisch. Am

Eine deftige Brotzeit (li.) braucht Muße. Dann passt auch der Apfelstrudel (re.) noch drauf

Chiemsee und dem Fünfseenland floriert auch die Fischsemmel mit Meerrettich oder Honig-Senf-Soße. Auf der Fraueninsel bieten Fischer ihren Fang geräuchert an. Die Aalsemmel beim Fischer Lex im Inselnorden ist in Kombi mit einem Chiemseer Cider unschlagbar.

INSIDER-TIPP
**Fisch auf die Hand**

## BROTZEIT, JEDERZEIT

Zwar ist Bayern für mächtige Portionen bekannt, wirklich griabig – also gemütlich – wird es aber bei der Brotzeit. Und für die ist immer Zeit – morgens, nachmittags oder auch am frühen Abend. Am schönsten genießt du sie auf einer Alm, im Biergarten unter Kastanien oder einfach an einem Steg, einer Wiese – egal. Frischluft im Sommer, warme Bank im Winter. Klassiker ist tatsächlich die Breze mit Butter oder Obatzda sowie das Schnittlauchbrot. Auch Radieschen, aufgeschnittener Rettich oder Wurstsalat sieht man häufig. Tagsüber gönnst du dir dazu eine Saftschorle oder ein (alkoholfreies) Weißbier, abends ein Helles, also ein Bier. Auch gern genommen: Weißwurst aus Schweine- und Kalbfleisch, die nur erwärmt, nicht gekocht wird. Wer übrigens Brotzeit mit Snack gleichsetzt, liegt falsch: Ein Snack ist was Schnelles für zwischendurch. Eine Brotzeit braucht vor allem eines: Zeit. Weil der Bayer dabei auch eine Runde Schafkopf am Stammtisch spielen kann oder Widerworte gegen die jüngsten Entscheidungen der bayerischen Staatsregierung gibt, ist diese kalte Mahlzeit unverzichtbar fürs Gemeinschaftsleben.

Eine angenehme Besonderheit bayerischen Wirtshauslebens sind die Biergärten: Unter alten Kastanien lebt man hier ab mittags in den Tag hinein, am späten Abend wird es proppenvoll. In den meisten Biergärten ist ein Bereich für Gäste reserviert, die ihr eige-

Der Lieblingsplatz aller Bayern im Sommer? Natürlich der Biergarten

nes Essen dabeihaben – nur die Getränke musst du immer beim Ausschank kaufen. Tischdecken und Besteck bringt jeder selber mit.
Apropos Getränke: Natürlich bekommst du in bayerischen Gaststätten und Restaurants alkoholfreie Getränke und eine gute Auswahl an Weinen. Beliebt ist das Bier, was in über 600 Brauereien hergestellt wird. Traditionell gibt es Helles, Weißbier und Starkbier, letzteres zu besonderen Jahreszeiten wie zum Münchner Oktoberfest oder in der Fastenzeit zwischen Aschermittwoch und Ostern. Starkbier ist ein dunkles, nach Malz schmeckendes Bier, dessen Alkoholgehalt über sieben Prozent liegt – also nichts für Einsteiger.

## FAST VERGESSEN

In jungen, wilden Küchen boomen vergessene Getreide- und Gemüsesorten. Schwarzwurzel, Urkarotten, Graupen, Morcheln, gelbe Tomaten oder essbare Blüten inspirieren Köche wie Andreas Schweiger aus Rosenheim. Blütensalz, hausgemachten Apfel-Kürbis-Aufstrich oder Brotbacksets gibt es online unter *schweiger2shop.de* direkt aus Schweigers Bauernhaus.

**INSIDER-TIPP**
**Total versalzen**

Eine Renaissance erlebt die Armeleute-Küche. Brotsuppe ist eine seltene Spezialität, genauso wie Schwammerlsuppe (mit frischen Pfifferlingen), Böfflamott (Rind in Rotwein geschmort) oder die mit der Weißwurst verwandte Wollwurst, die aber gebraten auf Kartoffelbrei mit Zwiebelsoße serviert wird.

## JUNGES GEMÜSE

Die Rote Beete, auf Bairisch: Rana, hat ihren Siegeszug in Knödel, Kartoffelnudeln, als Brotaufstrich oder Grundlage für Ziegenkäse angetreten. Genauso wie Bärlauch, Spinat und Rüben. Selbst traditionelle Wirtshäuser bieten vegetarische Speisen an: Knödelvariationen, Käsespätzle, Pfifferlingsgerichte, Spinatstrudel oder Eintöpfe mit dem Besten aus dem Garten. Im Mai/Juni boomen Spargelgerichte.

## UND WAS SÜSSES ZUM DESSERT

Die Nähe zu Österreich und die vielen Klöster machen sich auf der Nachspeisekarte bemerkbar. Klassiker sind Topfen- und Apfelstrudel, Marillenknödel, Rohrnudeln, die mit Zwetschgen gefüllt sind, sowie Kaiserschmarrn. Klassiker im Biergarten und an Feiertagen ist der „Auszogne", ein in Schmalz ausgebackener Hefekringel mit Puderzucker bestäubt.

# Unsere Empfehlung heute

## Brotzeit

**OBATZDA**
Aufstrich aus Camembert, Frischkäse, Bier und Paprikapulver

**RADI**
Rettich, dünn aufgeschnitten und kräftig am Tisch gesalzen

**LEBERKÄS'**
Fleischkäse aus fettem Rind- und Schweinefleisch, der gebacken und mit Senf gegessen wird

## Hauptgerichte

**GRÖSTL**
Pfannengericht aus Knödelresten oder Kartoffeln mit Fleisch, Gemüse und Ei

**SAURES LÜNGERL**
Lunge, Herz und Bries in einer mit Essig abgeschmeckten Sauce, serviert mit einem Semmelknödel

**RAHMSCHWAMMERL**
frische Pfifferlinge in Sahnesoße mit Semmelknödel

**SCHWEINSBRATEN**
Schweinekrustenbraten in Biersoße mit Kartoffelknödeln und Krautsalat

**BACKHENDL**
knackig gebratene Hühnerbrust in Semmel- oder Breznkruste mit Kartoffelsalat

## Desserts

**AUSZOGNE**
lauwarmes Schmalzgebäck mit Puderzucker

**DATSCHI**
Zwetschgenkuchen vom Blech, am besten mit Sahne

**BAYERISCHE CREME**
aufgeschlagene Eiercreme mit Vanille

## Bierspezialitäten

**RADLER**
Mischgetränk aus Hellem und weißer Zitronenlimonade

**RUSS**
Mischgetränk aus Weißbier und weißer Limonade

**GLÜHBIER**
erwärmtes, oft mit Kirschsaft und Nelken angereichertes Bier zur Adventszeit

# SHOPPEN & STÖBERN

**BLÜTENREIN**

Wo viel Holz ist und Wasser, sind die Bedingungen für die Papierherstellung optimal. Gmund am Tegernsee ist Standort einer Papier-, Verzeihung, Büttenfabrik, deren Produkte vom Briefpapier bis zum Tagebuch einfach vollendet sind. Sogar für das Weiße Haus und die Oscarverleihung werden hier Karten gefertigt. Wunderschöne klassische Karten, Briefpapier und Kalender fertigen die einstigen Hoflieferanten „Prantl" aus München, die seit 1797 im Papier- und Druckgeschäft Experten sind und schon Maria Callas, Heinrich Mann oder Wassily Kandinsky belieferten.

**GINFLUT**

Der Löwe unter den Gins – weil rass (würzig), weil verbreitet – ist „The Duke" aus Aschheim. Nahezu unbekannt ist „Miner's Gin 1517": Er lagert 1000 m tief im Bergwerk Berchtesgaden inmitten der salzhaltigen Stollen; der Geist in der Flasche erblickt erst beim Öffnen Tageslicht. In dritter Generation brennt Christian Stocker in Rosenheim seinen „Tschin" mit Zitrusaroma sowie den petrolfarbenen „Clitoria". Steinklar rockt der „Granit" von Penninger aus Reit im Winkl: Der Schnaps wird über Granit filtriert. Selbst vor dem Kloster macht der Hype keinen Halt: In Ettal hat Frater Vitalis Sittenauer – er heißt wirklich so – den blumigen „1596" kreiert. Und wer grad in Eichstätt ist: Der Zitrusgin von „So&So" ist ein Sommerknaller!

**SALZKRUSTE**

Früher aufgewogen mit Gold, heute ein Massenprodukt: In Bad Reichenhall und Berchtesgaden kannst du Salz direkt am Ort der Förderung kaufen – ob als grobes Steinsalz, mit aromatischen Kräutern oder sehr selten – da meistens ausverkauft – als

Dirndl (li.) stehen auch „Preißinnen". Schnitzkunst direkt aus der Werkstatt geht immer

Rauchsalz. Auch Bonbons, Seifen und Peelings erinnern dich zu Hause an deine Bayernreise.

## ALTE SCHACHTELN

Ein Mitbringsel ist Berchtesgadener War' – so nennt man traditionell Spanschachteln, die mit filigran aufgemalten Motiven geschmückt und um Berchtesgaden erhältlich sind. Auch sonst steht die Schnitzkunst weiterhin hoch in der Gunst der Besucher: Die Oberammergauer Herrgottsschnitzer fertigen noch Kruzifixe oder Krippen an. Gravierte Brotzeitbrettchen von Wochen- und Handwerkermärkten sind ein schönes Geschenk.

## TRACHTEN

Im Alltag sind sie angekommen, besonders als Einzelstücke: Trachtenröcke, Mieder oder coole Janker mit Kapuze von Labels wie Liebling aus Bad Tölz oder Amsel aus München sind in. Wer Klassiker liebt, wird in Garmisch, Rosenheim oder Burghausen fündig.

**INSIDER-TIPP**
**Nicht von der Stange**

Die Trachtenmanufaktur Barbarino in Burghausen schneidert mit Auge fürs Detail und wohltuendem Understatement Dirndl, wie die Bayern sie lieben. Die schönsten Lederhosen der Region fertigt Michael Krippel *(lederhosen-michi.de)* am Riegsee. Die Unikate kosten ca. 1000 Euro – eine Investition fürs halbe Leben.

## GEBOGENES WAHRZEICHEN

Zwei Ohren, ein Lachen: So sehen viele Bayern ihr Nationalgebäck, die Breze. In vielen Tannenbäumen findet sie sich als Anhänger zur Weihnachtszeit, ihr Konterfei wird auf T-Shirts („Boarisch Apparel"), Tassen und Brotzeitbretter („Servus Heimat") gedruckt oder als weicher Beißring für Babys („Alpinchen") genäht. Egal, was dir gefällt, die Breze ist immer ein Gute-Laune-Souvenir.

# SPORT

**Komm mit ins Abenteuerland: Oberbayern hat für Adrenalinjunkies genauso viel zu bieten wie für Familien und Anfänger. Egal, was du dir aussuchst: Trau dich was Neues. In allen Sportarten gibt es Schnupper- oder Anfängerkurse.**

## GOLF, BAUERNGOLF & CO.

Einlochen vor Alpenpanorama und danach mit etwas Glück auf eine Schorle mit Olli Kahn. Der ist nämlich passionierter Bayern-Golfer. Zu den vielen Golfplätzen in herrlicher Lage zählen der *Golfclub Feldafing (18 Loch | golfclub-feldafing.de)* am Westufer des Starnberger Sees, der *Golfclub Beuerberg (18 Loch | golfclub-beuerberg.de)* südöstlich des Sees und der *Wittelsbacher Golfclub (18 Loch | wbgc.de)* bei Neuburg an der Donau. Eine gute Beschreibung aller Golfanlagen bietet *golf.bayern-online.de*. Ungewöhnlich einputten – auch ohne Platzreife – kannst du beim *Bauerngolf (bauerngolf-samerberg.de)* am Samerberg, wo man Bälle mittels Holzschuhen an Besenstielen über die Hindernisse befördert.

## KAJAK & SUP

Nahezu lautlos gleiten Kajaks über den See – eine umweltfreundliche Variante, bei der du Wassertieren ganz nahe kommst. Bei *Parker Outdoor (Kajakverleih 45 Euro/Tag, Halbtagestour 54 Euro | Julius-Exter-Promenade 15 & 23 | Übersee am Chiemsee | Tel. 08642 5 95 56 50 | parkeroutdoor.com)* kannst du Boote leihen oder an Kajaktouren teilnehmen.

Stand-up-Paddeln, also das Paddeln im Stehen auf einem Board, ist der letzte Schrei: Bretter und Paddel verleihen die meisten Surfschulen an den oberbayerischen Seen; auch Kurse sind überall buchbar. Besonders schöne Touren auch für Anfänger bie-

SUP hat Oberbayerns reiche Seenwelt in Nullkommanichts erobert

tet *Manuel Schönwalder (supcenter-chiemsee.info)* am Chiemsee an – auch Junggesellenabschiede auf dem Wasser sind möglich. *Bavarian Waters (Board/Std. ca. 15 Euro | bavarianwaters.com)* hat vom ruhigen SUP-Yoga bis zur Wildwassertour auf einem Board alles im Programm.

## KLETTERSTEIGE & CANYONING

Die berühmtesten Klettersteige in den oberbayerischen Alpen sind sicherlich der *Jubiläumsgrat* auf der Zugspitze (schwer) und der *Mittenwalder Höhenweg* (leicht). Eine Auflistung bayerischer Klettersteige finden Kraxler auf *via-ferrata.de*. Eine Einweisung für Anfänger bieten die Mittenwalder Bergführer mit einer rund dreistündigen Tour auf dem Klettersteig bei der *Karwendelgrube (bergfuehrer-mittenwald.de)* an der Bergstation der Seilbahn an. Wer das Klettern lieber in einem Hochseilpark trainieren möchte, findet vielerorts Möglichkeiten, so am Chiemsee den *Kletterwald (März–Nov. in den Ferienzeiten tgl., sonst wechselnde Zeiten | Eintritt 24 Euro | Harrasser Str. 39 | Prien | Tel. 08051 9650885 | kletterwald-prien.de)* mit 13 Parcours.
Canyoning findest du am Sylvensteinsee und in Berchtesgaden. Auch am Chiemsee starten Touren, bei denen du die österreichische Grenze querst.

## PARAGLIDING

Über den Alpen muss die Freiheit wohl grenzenlos sein ... Auf jeden Fall ist die zuverlässige Thermik ideal! Besonders beliebte Startgipfel sind *Kampenwand* (Chiemgauer Alpen), *Wallberg* (Mangfallgebirge) und *Wank* (Estergebirge). Bei vielen Flugschulen hast du die Möglichkeit eines Tandemflugs mit einem erfahrenen Piloten, z. B. am Staffelsee mit *Karl-Heinz Kisskalt (ab 140 Euro | paragliding-*

Jenseits der Pisten: Schneeschuhwandern macht Spaß und schont die Natur

*oberbayern.de)* oder über Schloss Neuschwanstein *(fly-royal.de)*.

## RADFAHREN

Klassiker für halbwegs trainierte Wadeln sind das *Altmühltal*, die Umrundung von *Starnberger* oder *Ammersee* sowie die vielen flussnahen Fahrradwege, die Isar, Inn oder Salzach folgen. Lang, aber flach ist die Runde um den Chiemsee, bei der du jederzeit auf Busse umsteigen kannst, dank Rad-Anhängern. Tagestouren in alle Himmelsrichtungen bietet der *Mühldorfer Radlstern (muehldorf.de/30-Radtouren-Radlstern.html)*.

Auch Mountainbiker finden sowohl im Berggelände als auch in speziellen Bikeparks jede Menge Möglichkeiten, sich auszutoben. Auf *bayernbike.de* sind Touren aller Schwierigkeitsgrade zusammengestellt.

## REITEN

Alpentäler und die Hügellandschaft der Voralpen sind wie gemacht für Ausritte. Trainieren wie Olympioniken kannst du auf *Gut Ising (gut-ising.de)* am Chiemsee, wo einige der besten Dressur- und Reittrainer der Welt arbeiten. Einen Überblick über die vielfältigen Reitmöglichkeiten bietet *pferdegenuss-grenzenlos.de*.

## SEGELN & SURFEN

Hiss die Segel, denn der oberbayerische Wind hat's in sich. Fast auf jedem See gibt es Segelschulen und Bootsverleihe. Besonders rasant geht es am Chiemsee zu. Deshalb kannst du hier auch toll surfen. Für Anfänger eignet sich besonders der Waginger See im Chiemgau. Die *Surfschule Bittl (bittl-surfschule.de)* bietet dir das Board gratis nach deinem Anfängerkurs an. So viele Tage, wie du möchtest.

INSIDER-TIPP
**Surfer-Deal**

Für alle Seen gilt: Böen sind nicht zu unterschätzen und Unwetter ziehen oft sehr zügig auf. Bitte Warnungen unbedingt ernst nehmen!

### TAUCHEN

Nemo wirst du nicht treffen, aber vielleicht eine Renke? Als gute Tauchreviere gelten der *Walchen-* und der *Starnberger See.* Allein 13 Tauchplätze mit bis zu 40 m Tiefe sind am Walchensee ausgewiesen, am Starnberger See sind es sieben. An diesen Plätzen ist das Tauchen mit Atemgerät jedem gestattet, der ein Brevet besitzt; man sollte allerdings unbedingt die Sperrzonen beachten und Alleingänge unterlassen. Kurse und Exkursionen kannst du z. B. bei *Zebra Fish (Seeuferstr. 25 | Herrsching | mobil 0172 7390057 | zebra-fish.de)* buchen.

### WANDERN

Ob nun eine Stunde rauf auf die Neureuther Hütte oder einen ganzen Tag auf den Geigelstein wandern: Bei hunderten von Wandertouren ist für jeden was dabei. Der Klassiker: die Eroberung des Blombergs. Wer mehr Anreiz als einen Kaiserschmarrn mit Panoramablick auf dem Gipfel braucht, geht mit Alpakas auf Tour. Die flauschigen Tierchen bei *Christa Bader (Tel. 0152 54220882)* am Chiemsee oder in Mühlbach *(muehlbach-alpakas.de)* sind liebevolle Begleiter, die einem das Gehen emotional erleichtern. Die Tourismusbüros haben detaillierte Tipps für Touren. Dass man richtiges Wandern auch lernen kann, findet die *Bergwanderschule Oberaudorf (bergwanderschule.de).*

### WINTERSPORT

Falls du Zweifel am feinen bayerischen Powder hast: Selbst der König von Thailand hat das Carven hier gelernt. Die Saison beginnt, gute Schneeverhältnisse vorausgesetzt, Ende November auf der *Zugspitze (zugspitze.de).* Da der Klimawandel auch vor den Skigebieten nicht haltmacht, wird fast überall mit Schneekanonen nachgeholfen. Die Lifte sind modern, die Pisten vielfältig, wenn auch nicht besonders lang. Funparks sorgen für einen weiteren Kick. Die Arena am *Zugspitzplatt* ist für viele die Anlaufstelle, doch auch Sudelfeld, Spitzingsee, Kranzberg und Brauneck sind beliebt, die Winklmoosalm ist ein Highlight. Auch die Loipen sind bestens gespurt und führen durch Traumlandschaften wie das *Rißtal (karwendel-urlaub.de) oder Reit im Winkl.* Tourengehen oder Schneeschuhwandern erfreuen sich immer größerer Beliebtheit, doch Obacht: Vielerorts herrscht ab Februar Lawinengefahr, daher solltest du nicht ohne Einweisung loslaufen. Ein toller Einstieg für Anfänger sind die Kurse im *Salewa Skitourenpark (skischule-berchtesgaden.eu)* bei Berchtesgaden.

# DIE REGIONEN IM ÜBERBLICK

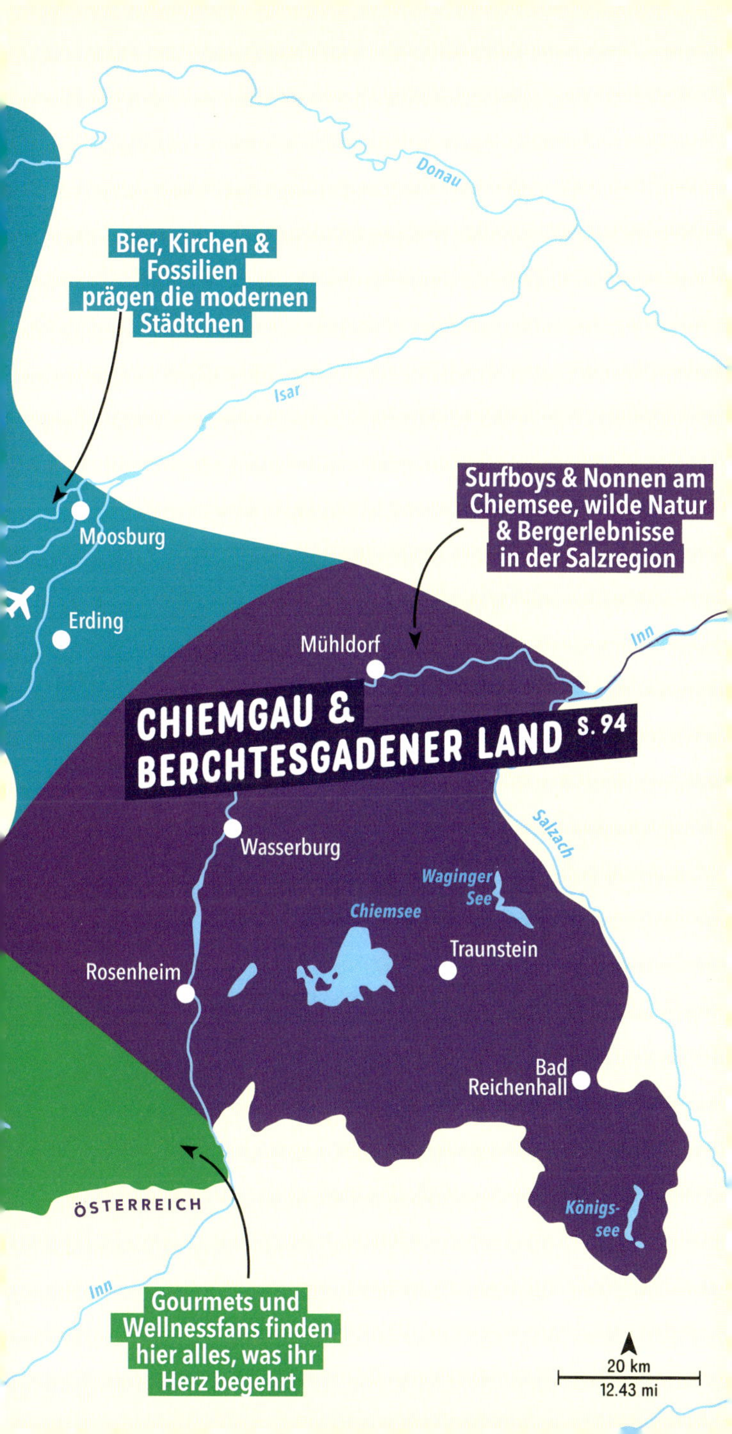

Donau
Bier, Kirchen & Fossilien prägen die modernen Städtchen
Isar
Moosburg
Erding
Surfboys & Nonnen am Chiemsee, wilde Natur & Bergerlebnisse in der Salzregion
Mühldorf
Inn
CHIEMGAU & BERCHTESGADENER LAND S. 94
Wasserburg
Salzach
Waginger See
Chiemsee
Traunstein
Rosenheim
Bad Reichenhall
ÖSTERREICH
Königs-see
Inn
Gourmets und Wellnessfans finden hier alles, was ihr Herz begehrt
20 km
12.43 mi

# STARNBERGER FÜNFSEENLAND

## BADEWANNE MIT ALPENPANORAMA

**Die Badewanne Münchens wird die Region mit Ammersee, Starnberger See, Wörthsee, Pilsensee und Weßlinger See gerne genannt. Seelokale, Dampferfahrten und fast alle Arten von Wassersport ziehen am Wochenende die Städter hinaus. Das Bergpanorama mit Zugspitzsicht tut sein Übriges, dass du aus dem Fünfseenland einfach nicht mehr wegmagst.**

Die Orte reihen sich am Ufer entlang, doch einen Badetag planst du gut: Viele Villen haben privaten Seezugang, für Besucher bleiben

Ankommen, Schuhe aus, Blick über den Starnberger See schweifen lassen = herrlich

große Wiesen mit modernen Kiosk- und Sanitätsbereichen. Badeschuhe sind beim Kieselstrand von Vorteil.
Einen festen Platz hat die Kunst an den Seen: Maler und Autoren lassen sich hier inspirieren, immer öfter fasziniert Fotokünstler und Modedesigner die Region, die das Leben in ihren Werken festhalten.

# STARNBERGER FÜNFSEENLAND

## MARCO POLO HIGHLIGHTS

★ **KLOSTER ANDECHS**
Bayerischer Dreiklang: Wandern, Kirchenbesichtigung, Bierverkostung ➤ S. 49

★ **ALTSTADT VON LANDSBERG AM LECH**
Puppenstadt mit coolem Flair direkt am Fluss. Ausflugsziel für einen Tag ➤ S. 44

★ **BUCHHEIM-MUSEUM DER PHANTASIE**
Von Afrika zu den Expressionisten, von Nepal nach Oberbayern – Buchheims Schatzkiste am Starnberger See ➤ S. 51

★ **ROSENINSEL**
Duftende Rosen, versunkene Pfahlbauten und ein königliches Rendezvous ➤ S. 53

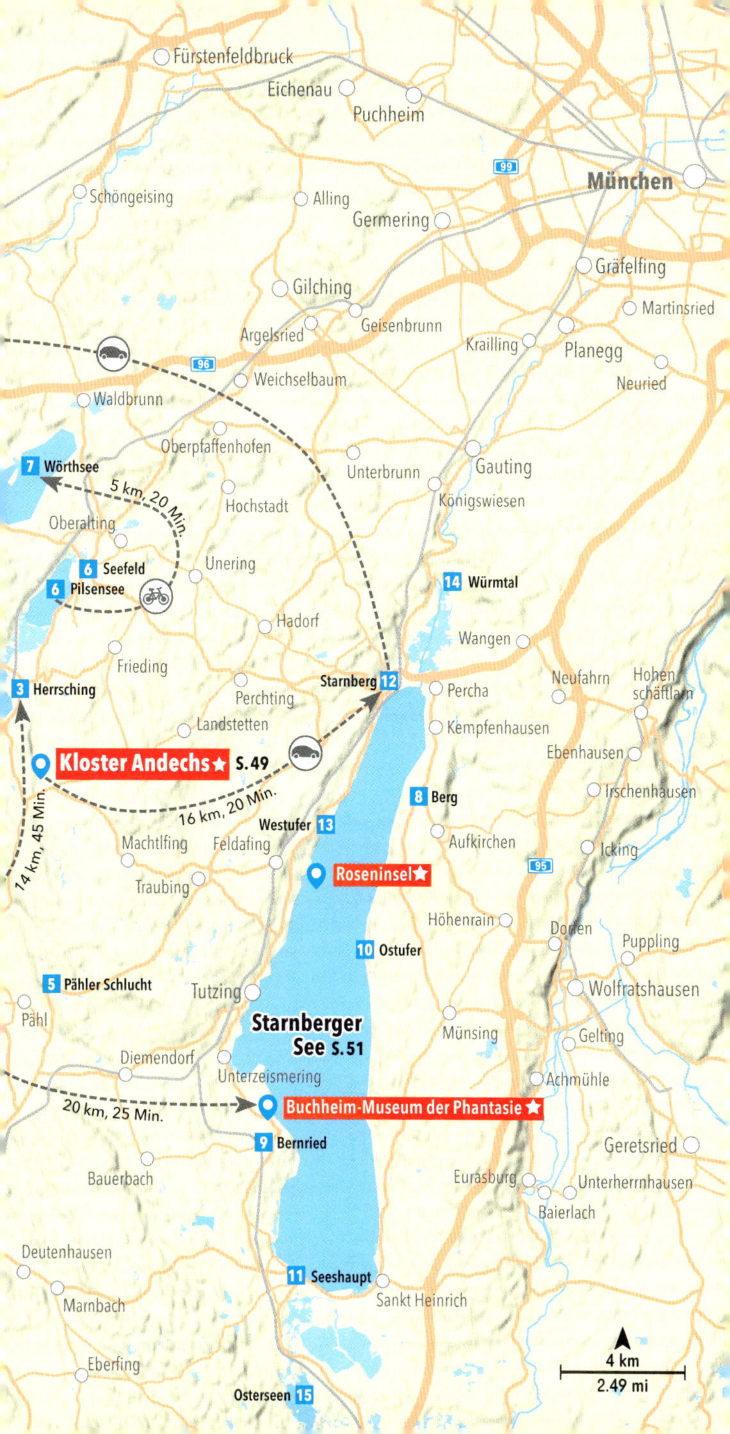

Fürstenfeldbruck
Eichenau
Puchheim
99
München
Schöngeising
Alling
Germering
Gräfelfing
Martinsried
Gilching
Geisenbrunn
Argelsried
Krailling
Planegg
96
Weichselbaum
Neuried
Waldbrunn
Oberpfaffenhofen
7 Wörthsee
Unterbrunn
Gauting
Königswiesen
5 km, 20 Min.
Hochstadt
Oberalting
6 Seefeld
Unering
6 Pilsensee
14 Würmtal
Hadorf
Wangen
Frieding
3 Herrsching
Starnberg 12
Perchting
Percha
Neufahrn
Hohenschäftlarn
Landstetten
Kempfenhausen
Ebenhausen
Kloster Andechs
S. 49
Irschenhausen
8 Berg
16 km, 20 Min.
14 km, 45 Min.
Westufer 13
Machtlfing
Feldafing
Aufkirchen
Icking
95
Roseninsel
Traubing
Höhenrain
Dorfen
10 Ostufer
Puppling
5 Pähler Schlucht
Tutzing
Wolfratshausen
Pähl
Starnberger See S. 51
Münsing
Gelting
Diemendorf
Unterzeismering
Achmühle
Buchheim-Museum der Phantasie
20 km, 25 Min.
9 Bernried
Geretsried
Bauerbach
Eurasburg
Unterherrnhausen
Baierlach
Deutenhausen
11 Seeshaupt
Sankt Heinrich
Marnbach
4 km
2.49 mi
Eberfing
Osterseen 15

Schöne Kulisse für einen Drink bilden die historischen Häuser am Landsberger Hauptplatz

# LANDSBERG AM LECH

*(🕮 E5)* **Gotische Stadttore, ein von pastellfarbenen Barockfassaden geschmückter Marktplatz und der Lech, der mitten in der Stadt über die Wehrstufen strömt, sind die Markenzeichen von Landsberg.** Bereits in römischer Zeit war die Siedlung am Fluss ein wichtiger Handelsort; München-Gründer Heinrich der Löwe ließ 1160 hier eine Brücke über den Lech schlagen und Salzzoll kassieren. Und Johnny Cash schrieb seine ersten Songs in dem Städtchen, wo er mit den US-Truppen stationiert war.

## SIGHTSEEING

### BAYERTOR

Was für ein Vorbau! Das gotische Stadttor ist Teil des noch fast vollständig erhaltenen Mauerrings um die Altstadt. Seine wehrhaften Zinnen, die Bemalung und der begehbare Turm zeigen, wie wohlhabend Landsberg früher war. *Mitte Juni–Okt. Di–So 10.30–12.30, 14–17 Uhr | Eintritt 1 Euro | Alte Bergstr.*

### HISTORISCHE ALTSTADT ★

Treiben lassen lautet das Motto. So entdeckst du die kleine Altstadt mit *Rokokorathaus*, *Schmalzturm* (14 Jh.) und *Bäckertor* (15 Jh.). Vom *Hauptplatz* mit der *Stadtkirche Mariä Him-*

*melfahrt* bergaufwärts führt die Treppe ins *Hexenviertel:* Holzbalkone, Kopfsteinpflaster, Kräutergärten und witzige Läden reihen sich aneinander. Eine Malerin mit rotem Haar gab dem Viertel im 19. Jh. seinen Namen. Hexen gab es gar nicht, dafür Gerber, die hier ihre Häute trockneten.

### MUTTERTURM

Der Künstlerfürst Sir Hubert von Herkomer ließ den Turm mit gelben Schindeln, Giebeln und Alkoven 1884 im Andenken an seine Mutter bauen.

INSIDER-TIPP
**Gekonnt fensterln**

Für das perfekte Foto auf die Stadt, klettre in den 4. Stock und nimm eines der Fenster als optischen Rahmen.

Der Turm kann nur im Rahmen der Ausstellung besichtigt werden, in der die Werke Herkomer aus der viktorianischen Zeit zu sehen sind. Lecker: der Kuchen im *Museumscafé. Mai–Okt Di–So 13–19, Winter Sa/So 12–17 Uhr | Eintritt 5 Euro | Von-Kühlmann-Str. 2 | herkomer.de*

## ESSEN & TRINKEN

### FISCHERWIRT

Im Gasthaus am Mühlbach serviert man bayerisch-schwäbische Gerichte wie Spätzle in vielerlei Variationen. Das Fleisch kommt von Höfen aus der Umgebung. *So geschl. | Rossmarkt 197 | Tel. 08191 5 07 28 | fischerwirt-landsberg.de* | €

### LIKKA

Bar, Lounge und Bistro am Lechufer: schicke Einrichtung, wechselnde Tageskarte mit mediterraner, asiatischer und bayerischer Küche, super Frühstück! *Hubert-von-Herkomer-Str. 111 | Tel. 08191 9 70 79 86 | likka-landsberg.de* | €€

## SHOPPEN

### MEISTERWERK

Ganache, Sahnecreme und Schokonips füllt Chocolatier Michael Dillinger in über 50 Pralinenkreationen. Spezialisiert hat er sich auf vegane Köstlichkeiten mit Sanddorn, Rosmarin, Kokos oder Olivenöl. Das Probierangebot – Espresso plus Praline – kostet 1,70 Euro. *Hauptplatz 177 | meisterwerk24.de*

INSIDER-TIPP
**Aber bitte ohne Sahne!**

## SPORT & SPASS

### NACHTWÄCHTERTOUR

Durch dunkle Gassen geht die Führung. *Fr/Sa | Treffpunkt Marienbrunnen | 8 Euro | Termine: landsberger-nachtwaechter.de*

# RUND UM LANDSBERG

### 1 SCHLOSS KALTENBERG

18 km/20 min von Landsberg (Auto)

Wehe, sie werden losgelassen! Ritter und Musikanten tummeln sich auf dem Mittelaltermarkt im Juli beim *Ritterturnier (ritterturnier.de)* auf der Burg aus dem 15. Jh. Einmalig: die

Gauklernächte samt Feuerspucker. Im Winter: Christkindlmarkt in den Burgmauern, im Sommer: Blasmusikkonzerte u.a. von Nachwuchsbands. 2,5 h | F4

# AMMERSEE

(F5) **Mit etwas weniger Schickimicki und mehr alteingesessenen Anwohnern ist der lang gezogene Ammersee der kernige, kleine Bruder des nahen Starnberger Sees.**

Radfahren, Wandern und Windsurfen stehen ganz oben auf der To-do-Liste. Hauptorte sind Dießen (Südwestufer) und Herrsching (Ostufer); die Uferlänge beträgt rund 43 km.

## ORTE AM AMMERSEE

### 2 DIESSEN

Der Himmel der Bayern, er mag vielleicht in Dießen liegen. Der Ort besticht mit Kirchtürmen, Blumenbalkonen, Ateliers sowie den Fresken „Dießener Himmel" in der Rokokokirche *Mariä Himmelfahrt*. Der Maler Carl Spitzweg entdeckte den Ort im 19. Jh. für sich, auch den Komponisten Carl Orff inspirierte der Blick. Heute findet in Dießen jedes Jahr im Mai einer der größten Töpfermärkte Europas statt. Trotz unzähliger Besucher scheint der Ort in einem Dämmerschlaf zu weilen: Das *Craft Bräu (Mühlstr. 12)* versucht mit Veranstaltungen rund ums frisch Gezapfte Leben in die Gassen zu bringen.

### 3 HERRSCHING

Hier rappelt es an lauen Sommerabenden. Die Promenade von Herrsching hat sich über die Jahre zum entspannten Place-to-be gemausert. Erst eine Runde SUP auf dem See, dann einfach ein Bier am Kiosk holen und die Aussicht bis zu den Alpen genießen.

### 4 SÜD- UND WESTUFER

Ans Ufer kommt man nur schwer: Villen mit Anlegesteg versperren den Weg. Trotzdem gibt es sie, die kleinen Buchten zwischen Dießen und Utting. Wer sichergehen will, besucht eines der Strandbäder. Keinen Eintritt zahlt ihr im *Strandbad Seewinkel* in Herrsching inklusive Sprungturm

INSIDER-TIPP
**Gratis in den See hüpfen**

## ESSEN & TRINKEN

### ALTE VILLA

Ein traditioneller Biergarten, eine klassische Wirtschaft und immer Rambazamba: Das Haus am See lockt mit guter europäischer Küche, Frühschoppen und König-Ludwig-Bier. An Sommerwochenenden gibt's was auf die Ohren: Samstagabend und Sonntagfrüh spielen bayerische Bands von Traditionellem bis hin zum Brass-Sound. *Seestr. 32 | Utting | Tel. 08806 9 58 33 82 | alte-villa-utting.de | €€*

INSIDER-TIPP
**Moderne Blechblasmusik**

### DER FISCHER

Winterlounge, Strandbar, Eismacherei, Restaurant, Manufaktur – zu jeder

Was wäre der Ammersee ohne eine Fahrt mit einem der Ausflugsschiffe?

Uhrzeit, zu jeder Jahreszeit ist der Fischer ein guter Anlaufpunkt. Topaussicht, Topqualität. *Landsberger Str. 80 | Stegen | Tel. 08143 99 28 00 | fischer-ammersee.com | €€*

### MATOS FISCHLADEN

Matsche ist himmlisch. Sie kommt als Sauce auf die Fischsemmeln der Räucherei. Dazu ein Astra (ausnahmsweise) und ein knackiger Spruch von Mato, der das charmanteste Lächeln am See hat. *Mo geschl. | Summerstr. 22 | Herrsching | matos-fischladen.de | €*

## SHOPPEN

### WÜNSCH DIR WAS

Ibiza-Feeling pur! Bunte Kleidchen und Tuniken, Spitzentops und lässige Röcke, wie sie auch auf eine Baleareninsel passen: In der Bohèmeboutique von Andrea Auffinger kommt gute Laune sommers wie winters in die Shoppingtüten. *Mo geschl. | Bahnhofstr. 25 | Schondorf*

### TIMBOOKTU

Dieser Buchladen hat wunderbare Lesetipps für Erwachsene, Kinder und Jugendliche. Obacht, beim Stöbern vergisst du schnell die Zeit!

**INSIDER-TIPP Post vom See**

Die Ammerseekünstlerin Tanja Hust hat eigens für Timbooktu eine Postkartenkollektion *(ab 1,50 Euro)* mit Bildern der Region gestaltet. Zum Schreiben an die Daheimgebliebenen oder zum Einrahmen. *Bahnhofstr. 24 | Schondorf | timbooktu-ammersee.de*

## SPORT & SPASS

### AMMERSEE-SEGELSCHULE DIESSEN

In dem schönen, aber unwetteranfälligen Segelrevier des Ammersees werden Segelkurse für Kinder und Erwachsene geboten, auch Bootsverleih und Törns. *Wochenkurs 290, Kinder 220 Euro | Seestr. 28 | Tel. 08807 84 15 | ammersee-segelschule.de*

### BAYERISCHE SEENSCHIFFFAHRT

Eine Dampferfahrt ist auf dem Ammersee Pflicht! Die Schiffe fahren zwischen April und Mitte Oktober alle größeren Orte an. Die große Rundfahrt kostet 19,70 Euro. *seenschifffahrt.de*

### STRÄNDE

Beliebte Strandbäder des Ammersees liegen in Herrsching *(Seewinkel)*, im Erholungsgebiet *Wartaweil* am Südostufer mit besonders kinderfreundlichem, flachem Wasser (Parkgebühr) und in *Utting (Eintritt 3 Euro)*. Hier lockt auch ein 9 m hoher historischer Sprungturm.

## AUSGEHEN & FEIERN

### BAYRISCHE BRANDUNG

An diesem Surferkiosk wird die Seepromenade zum Hotspot. Drinks, Sonnenuntergänge, manchmal Livemusik und ein unkomplizierter Flirt am Stehtisch. *Tgl. 11–ca. 21.45 Uhr | Summerstr. 18 | Facebook: Bayrische Brandung*

# RUND UM DEN AMMERSEE

### 5 PÄHLER SCHLUCHT

*15 km/20 min von Herrsching (Auto)*

Ein guter Einstieg für Wanderneulinge ist diese Schlucht. Ein schattiger Weg beginnt an der *Kirche Sankt Laurentius* und wechselt die Bachseiten. Obacht, glitschig! Kinder haben in Gummistiefeln eine Riesenfreude! Nach ca. einer Stunde Geh- und Kraxelzeit erreichst du einen 16 m hohen *Wasserfall*. Im Winter wandelt sich das Wasser in eine Eisskulptur. *F5*

### 6 SEEFELD & PILSENSEE

*7 km/25 min von Herrsching (Fahrrad)*

Das *Schloss der Grafen von Toerring* heißt im Volksmund *Schloss Seefeld*. Bergfried, Rüstkammer und Loggia stammen aus dem 13.–18. Jh. Kunsthandwerker, eine Dirndlmanufaktur, ein Lifestyle-Möbelladen sowie das Kino beleben das alte Gemäuer. Im *Bräustüberl (Schlosshof 4c | Tel. 08152 99120 | braeustueberl-seefeld.de | €)* tafelt ihr im Innenhof Ochsenbackerl mit Knödeln – wie einst die Edelmänner.

Der *Pilsensee*, einer der wärmsten Badeseen Oberbayerns, hat zwei gratis Badeplätze auf der Ostseite, südlich vom Campingplatz. Freitagabend bietet *Bavarian Waters (bavarianwaters.com)* an seiner Station beim Campingplatz Yoga auf dem Paddleboard an. Das gepflegte Strandbad liegt am Westufer in *Hechendorf*.

INSIDER-TIPP
Schwing deine Hüften!

Beim *Zumba (Seestr. 68 | Tel. 0171 1746474)* jeden Donnerstag um 19 Uhr direkt am See verbrennst du bei Latinorhythmen ganz schnell die Freibadpommes. Im Winter kann man auf dem Pilsensee gut Schlittschuh laufen. Der fünfte der Fünfseenland-Seen, der *Weßlinger See,* liegt 7 km nordöstlich. *F5*

### 7 WÖRTHSEE

*12 km/40 min von Herrsching (Rad)*

Auch der nördlich des Pilsensees gelegene Wörthsee ist von Privatvillen gesäumt. Wer mag, kann ihn in einer venezianischen *Gondel (30 Min. 65 Euro | Fischerstr. 34 | Steinebach am Wörthsee | mobil 0175 6000468 | gondel-woerthsee.de)* erkunden. Tret- und Elektroboote sowie SUP-Boards und Kajaks verleiht das *Raabe am See (ab 12 Euro | Seestr. 97),* das im *Restaurant (Tel. 08153 7205 | seehaus-raabe.de | €€)* am Steg auch sehr gutes Essen bietet. Die Renke in drei Größen kommt frisch aus dem See. *F5*

## KLOSTER ANDECHS

*(F5)* **Wer nicht hier war, war nicht in Oberbayern: Das auf 711 m gelegene ★ Kloster Andechs thront über dem Fünfseenland und zeigt:**

Steht über allem, geliebt von allen: Das Kloster Andechs ist Pflichtprogramm

**Der Klerus steht in Bayern eben doch über vielem.**
Klassisch erobert man den Durmlin-Hügel bei einer einstündigen, gemütlichen Wanderung ab Herrsching. Vorsicht: Zum Schuljahresende pilgern ganze Klassen während ihres Ausflugstags hier hoch. Oben angekommen schmeckt das Bier der Benediktiner noch ein Stück besser, als wenn man mit dem Auto hochfährt.

## SIGHTSEEING

### KIRCHE SANKT NIKOLAUS, ELISABETH UND MARIA

Das Weltliche hat inzwischen auf dem heiligen Hügel Einzug gehalten: Die Mönche sind geschäftstüchtig, bieten neben religiösen Führungen auch Besuche in der Brauerei, einen Nachtflohmarkt, Schnapsverkostungen und Konzerte an. Dazu verkaufen sie Reliquien – wie einen Zweig aus der Dornenkrone Christi –, die in der Kirche verwahrt werden. Wer in Klausur gehen mag, kann das bei den Benediktinern tun. Sie empfangen Gäste, seit sie 1455 den Hügel samt damals neu gebautem Kloster vom Adel übernommen haben.

## ESSEN & TRINKEN

### BRÄUSTÜBERL

Im Stüberl samt Biergarten geht es urig zu. Außer einer Brezn solltest du Klosterschinken und einen Teller Radi probieren. Und natürlich das Klosterbier. Das Spezi aus dem Kloster bitzelt angenehm auf der Zunge und ist nicht ganz so süß. Ob es am Brauwasser

Im Buchheim-Museum fließen Seelandschaft, Kunst und Architektur ansprechend ineinander

vom Heiligen Berg liegt? *Tgl. 11–22 Uhr | Tel. 08152 376261 | andechs.de | €*

### KLOSTERGASTHOF

Etwas nobler in den Speisen, aber immer noch gemütlich, besonders im Biergarten. *Winter Di geschl. | Bergstr. 9 | Tel. 08152 9825730 | andechser-klostergasthof.de | €€*

# STARNBERGER SEE

(*G5–6*) **Freizeitpark der Könige – so wird der Starnberger See gern genannt. Früher, weil die Wittelsbacher hier ihre Sommerresidenzen besaßen oder sich auf der Roseninsel zum heimlichen Stelldichein trafen. Den königlichen Hoheiten folgte Prominenz von Thomas Mann über Loriot bis zur ungekrönten Schlagerkönigin Helene Fischer, die hier seit Jahren baut.**

Da ein Gutteil der Uferstraßen für Nichtanlieger gesperrt ist, führen viele Fußwege direkt an der Hauptstraße entlang. Am besten umrundest du den See auf 46 km mit Rad, Auto oder Vespa.

INSIDER-TIPP
**Reinstes Italo-Feeling**

Auf der Vespa mit gefülltem Picknickorb geht es von Starnberg aus in 90 Min. am Ufer entlang. Pause machst du am besten im idyllischen Sankt Heinrich. Die Vespa samt Picknick vermietet *Vespressi (Mo–Sa 9–17 Uhr | ab 35 Euro | Kaiser-Wilhelm-Str 2 | Starnberg | vespressi.de)*. Hauptorte sind Starnberg und Tutzing an der Nord- und Seeshaupt an der Südspitze.

## ORTE AM STARNBERGER SEE

### 8 BERG

Kaum ein Ort ist so eine Pilgerstätte wie der Kini-Ort am Ostufer. Hier soll Ludwig II. am 13. Juni 1886 zusammen mit Psychiater Bernhard von Gudden im 1,30 m tiefen Wasser ertrunken sein. Ein Holzkreuz erinnert daran ebenso wie ein Sternenfresko in der Votivkapelle. *April–Okt. tgl. 9–17 Uhr | Nähe König-Ludwig-Weg*

### 9 BERNRIED

Das Dorf ist die Schönheitskönigin des Starnberger Sees. Auch wenn es schon etwas her ist, dass es zum schönsten Bayerns gewählt wurde. 1983 war das, aber Bernried zieht die Leute an. Grund: das ★ *Buchheim-Museum der Phantasie (April–Okt. Di–So 10–18, Winter 10–17 Uhr | Eintritt 10 Euro | Am Hirschgarten 1 | buchheimmuseum.de | 1,5 h)*. Selbst wenn man kein Kunstfan ist, die Sammlung des Autors und Malers Lothar-Günter Buchheim (1918–2017) ist facettenreich mit Werken von Expressionisten der „Brücke" wie Ernst Ludwig Kirchner, Erich Heckel und Emil Nolde.

### 10 OSTUFER

Leben lässt es sich zwischen *Berg* und *Ambach* gut. Nach den Dörfern *Leoni* und *Ammerland* mit seinem Barockschloss geht es weiter nach Münsing.

Ein bissl Kitsch, der sich lohnt: mit dem Boot auf die Roseninsel

Versteckt hinter einem Parkplatz liegt die *Strand Bar & Kitchen (strandbar-stheinrich.de)* mit echtem Sand und coolem Surfershop. Sport für Eltern und Kids direkt am Seeufer: Immer dienstags und donnerstags gibt es Yoga für Groß und Klein. Das Ufer fällt sanft ab, sodass Kinder gut baden können, während die Eltern Tapas oder Eiskaffee genießen.

### 11 SEESHAUPT

Villen auf großen Seegrundstücken sind Zeugen des mondänen Lebens, das das Fischerdorf ab Mitte des 19. Jhs. völlig umkrempelte. Seeshaupt (3200 Ew.) wurde ab 1850 von Dampfern angelaufen und war somit einfach erreichbar. Carl Spitzweg, König Ludwig II. und Thomas Mann führten die illustre Gästeschar an, die in der Alten Post oder eigenen Villen logierte.

### 12 STARNBERG

Im Hauptort (23 500 Ew.) an der Nordspitze ist die Seepromenade reizvoll. Nostalgie weckt der 1854 von Friedrich Bürklein erbaute *Bahnhof*, an dem die königlichen Hoheiten aus München in Kutsche oder Schiff umstiegen, um nach Schloss Berg zu reisen. Ein Stopp bei der *Eiswerkstatt Starnberg (Wittelsbacherstr. 9 | starnberger-eiswerkstatt.de)* lohnt sich wegen Sorten wie Birnensorbet und Tonkabohne! Renken sind in den Restaurants teuer. *Hoffischer Sebald (Mo geschl. | Nördliche Seestr. 22 | Ammerland)* hat Fischsemmeln, Calamari oder Lachsröllchen zum kleinen Preis.

INSIDER-TIPP
**Glück – fangfrisch!**

### 13 WESTUFER

In *Pöcking-Possenhofen* (5600 Ew.) wuchs Kaiserin Sisi auf, im Schloss sind heute Luxuswohnungen. Immerhin ist der Park zugänglich, und dessen *Paradies* am Ufer ist eine schöne Badestelle. An Sisi erinnert das *Kaiserin-Elisabeth-Museum (Mai–Mitte Okt. Fr–So 12–18 Uhr | Eintritt 4 Euro | Schlossberg 2 | kaiserin-elisabeth-museum-ev.de)* im alten Bahnhof.

Südlich schließt *Feldafing* (4200 Ew.) mit der ★ *Roseninsel* an. Das Eiland, zu dem ein Fährboot übersetzt, schmückt eine italienische Villa, in der sich Ludwig II. heimlich mit Sisi traf. Zur Rosenblüte zwischen Mai und Juli ist die Farben- und Duftorgie berauschend. Seit 2010 gehören die Überreste von über 5000 Jahre alten Pfahlbauten um die Insel zum Unesco-Weltkulturerbe.

*Tutzing* (9900 Ew., 12 km von Starnberg) ist Ziel vieler Ausflügler, die 30 Min. bergauf zur *Ilkahöhe* (726 m) wandern, ein schöner Aussichtspunkt samt Biergarten. Das Wasser am Spielplatz Tutzing ist besonders seicht. Auch Schwimmanfänger können hier gefahrenlos baden.

## ESSEN & TRINKEN

### DREI ROSEN

Bayerische Schmankerln und Fisch aus dem See prägen die Rosen-Küche in Bernried. *Dorfstr. 11 | Tel. 08158 90 40 53 | dreirosenbernried.de | €€*

### GASTHAUS ZUM FISCHMEISTER

Spezialitäten und Raritäten wie gebackene Blutwurst kannst du im historischen Gasthaus oder im Biergarten genießen. *Mo, Mi–Fr ab 16, Sa/So ab 12 Uhr | Seeuferstr. 31 | Ambach | Tel. 08177 533 | zumfischmeister.com | €€*

### STEG 1

Die Roseninsel ist nah, die Berge glitzern fern: Cathrin Dierks hat am Wasser mit ihrem Kiosk eine Oase geschaffen. Sie verkauft Süßkartoffelpommes, Kuchen und Steckerlfisch. Selbstgebackene Leckerli aus Leberwurst und Haferflocken gibt's für Hunde gratis bei jeder Bestellung eines Zweibeiners dazu.

INSIDER-TIPP
**Auf den Keks gekommen**

Wer mag, kann sich hier auch ein SUP-Board ausleihen.

## SHOPPEN

### SHOE KONZEPT

Die von Hand gefertigen Sneaker aus Samt oder mit bunten Laschen sind einfach lässig. Hohes Will-sofort-haben-Potenzial! *Mo–Fr 10–18, Sa 10–16 Uhr | Hauptstr. 2/Rückgebäude*

## SPORT & SPASS

### HUSKYS ERLEBEN

Dass Wandern nicht zu ihren Lieblingsbeschäftigungen zählt, vergessen Kinder ab zehn Jahren schnell, wenn ihre Begleiter Huskys sind. Im Winter gibt es Schlittenfahrten. *Mind. 10 Kinder | 25 Euro/Kind | Mühlweg 2 a | Egling/Paar | Tel. 0174 3 42 33 02 | huskies-erleben.de | 2–3 h*

## BOOTSFAHRTEN

Die Schiffe der *Bayerischen Seenschifffahrt* fahren zwischen Ostern und Mitte Oktober alle größeren Orte am Starnbeger See an. Die große Rundfahrt kostet 19,70 Euro. Alternativ schnappst du dir eine Jolle *(ca. 70 Euro/Tag | Segelschule Tutzing | Marienstr. 13 | mobil 0173 3 93 30 47 | segelschule-tutzing.de)* oder mietest ein leises E-Boot *(ab 28 Euro/Std. | Gastl Boote | Assenbucherstr. 43 | Leoni | Tel. 0163 4 77 29 80 | gastl-boote.de)*.

INSIDER-TIPP
**Flieg doch übers Wasser**

Die brandneuen E-Surfboards machen Wellenreiten ohne Welle und Übung möglich. Gleit über den See wie ein Profi. *Verleih: Gastl Boote | 55 Euro/15 Min.*

## STAND-UP-PADDLING

Den Trendsport erlernst du beim *SUP-Club* im *Wasserpark Starnberg (90 Min. inkl. Board 35 Euro | Strandbadstr. 5 | Tel. 0157 50 28 05 96 | sup-club.bayern)*. Elisabeth Rösel ist über 80. Und will Senioren mit ihrem Paddle-Kurs anstecken. Der Ü60-Kurs alle zwei Wochen baut Ängste ab. Romantisch ist die Tour zum Sundowner *(90 Min., 22 Euro)* mit Alpenkulisse.

## STRÄNDE

Größte Erholungsgebiete sind *Münsing-Ambach* und das *Strandbad Sankt Heinrich* am Südostufer sowie das *Paradies* im Possenhofener Schlosspark am Nordwestufer. Kleiner sind das *Lido* in Seeshaupt *(jeweils Parkgebühr, kein Eintritt)* und das *Strandbad Hubl (Eintritt 3,50 Euro)* in Bernried.

Moore, Seen, Feuchtwiesen und Wälder – die Osterseen stehen seit 1981 unter Naturschutz

## AUSGEHEN & FEIERN

### MARINA LAKE LOUNGE

In der Außenbar des Hotel Marina wetteifern Cocktails und Aussicht um die eigene Aufmerksamkeit. *Am Yachthafen 1–15 | Bernried | Tel. 01858 93 20 | marina-bernried.de*

### HUGOS BEACH CLUB UNDOSA

Wer hier abends sitzt, will gesehen werden. Legendär ist die *White Party* im Hochsommer, bei der selbst Champagner nur aus weißen Flaschen sprudelt. *Seepromenade 1 | Starnberg | Tel. 08151 99 89 30 | hugos-beachclub.de*

### 15 OSTERSEEN ☂

*37 km/25 min von Starnberg nach Iffeldorf (Auto)*

Im ca. 1000 ha großen Naturschutzgebiet südlich des Starnberger Sees sammeln sich 20 größere und 15 kleinere Seen zu schönen Biotopen. Baden ist an ausgewiesenen Stellen erlaubt, etwa am *Großen Ostersee* und am *Fohnsee*. Auf Wanderer warten seltene Pflanzen wie Trollblumen, Sumpfveilchen und Frühlingsenzian. In *Iffeldorf* lockt das *Vitus (Mi geschl. | St.-Vitus-Platz 1 | Tel. 08856 8 03 69 81 | vitus-iffeldorf.de | €€)* mit bayerischen und thailändischen Gerichten. *F–G6*

# RUND UM DEN STARNBERGER SEE

### 14 WÜRMTAL

*10 km/2 h von Starnberg nach Gauting (zu Fuß)*

Das Tal ist ein dicht bewaldetes Idyll, durch das ein 10 km langer Wanderweg von Starnberg bis Gauting führt. Auf halbem Weg kannst du in der *Schlossgaststätte Leutstetten (Mo bei Regen geschl. | Altostr. 11 | Tel. 08151 81 56 | hs-gaststaetten.de | €€)* einkehren. Danach etwas Kultur: Die gotische Kirche *Sankt Alto* und die Fundamente der römischen *Villa rustica* sind sehenswert. Von Gauting geht es mit der S-Bahn zurück nach Starnberg oder München. *G5*

## SCHÖNER SCHLAFEN IM FÜNFSEENLAND

### NACHHALTIG MIT SEEBLICK

Alles bio oder was? Ja, sogar der Shuttleservice des *Schlossguts Oberambach (40 Zi. | Oberambach 1 | Münsing | Tel. 08177 93 23 | schlossgut.de | €€€)* läuft im E-Betrieb. Auch im Wellnessbereich wird Nachhaltigkeit verfolgt. Das Hotel hat einen eigenen Seezugang.

### FÜR INDIVIDUALISTEN

Außen Tradition, innen Design: Jedes Zimmer im *Chalet am Kiental (9 Zi. | Andechsstr. 4 | Herrsching | Tel. 08152 98 25 70 | gourmetchalet.de | €€€)* hat eine eigene Note. Im Restaurant zaubert ein Meisterkoch Klassiker mit Twist.

# ZUGSPITZREGIO

## DER BERG RUFT

**Im Schatten der Zugspitze, Deutschlands höchstem Berg, regt sich einiges: Wanderer eifern mit Trailrunnern, Yogis ommmen am Gipfel oder wellnessen in klaren Bergseen, die fast alle Trinkwasserqualität haben. Dazu voralpenländisches Idyll: Gefleckte Kühe käuen auf den Wiesen, von Balkonen baumeln Geranien, und Steinadler haben hier einen geschützten Lebensraum gefunden.**

So viel Input hat auch die Künstler immer wieder beflügelt: Seien es im Werdenfelser Land die unbekannten Lüftlmaler und Herrgottsschnitzer,

Von lieblich bis rau: Landschaftserlebnisse am Wetterstein

die die Fassaden verzieren. Sei es König Ludwig II, der hier seine Traumschlösser vom Allgäu bis zur Zugspitze baute. Oder die Stuckateure der Wessobrunner Schule, die im Pfaffenwinkel Erstaunliches in Klöstern zauberten. Am prägendsten für die Kunstgeschichte waren wohl die Expressionisten um den „Blauen Reiter". Das besondere Licht Murnaus veränderte ihr Schaffen für immer. Und auch du wirst die Region anders verlassen, als du gekommen bist: mit Bergerinnerungen und Bilderbuchfotos, die andere neidisch machen.

# ZUGSPITZREGION

## MARCO POLO HIGHLIGHTS

★ **ZUGSPITZE**
Deutschlands höchster Berg und eine grandiose Aussichtskanzel ➤ S. 72

★ **MURNAU AM STAFFELSEE**
Die Stadt und ihre Landschaft prägte die Künstler des „Blauen Reiter“. ➤ S. 62

★ **OBERAMMERGAU**
Herrgottsschnitzer, Lüftlmaler, Passionsschauspieler – in Oberammergau trifft Tradition auf Kitsch. ➤ S. 65

★ **OLYMPIASTADION**
Früher Machtdemonstration, heute eine Art kleiner Freizeitpark mit Seilrutsche ➤ S. 70

★ **PARTNACHKLAMM**
Wandern durch die schmale Schlucht ist ein ohrenbetäubendes Erlebnis. ➤ S. 72

★ **SCHLOSS LINDERHOF**
König Ludwigs filigrane Fingerübung für Herrenchiemsee ➤ S. 67

★ **SCHLOSS NEUSCHWANSTEIN**
Mittelalterliche Ritterromantik à la Märchenkönig ➤ S. 68

★ **KÖNIGSHAUS AM SCHACHEN**
Noch ein Kini-Tempel? Ja, weil Orient auf dem Gipfel so herrlich skurril ist. ➤ S. 75

★ **WIESKIRCHE**
Perfekte Harmonie in Stuck, Fresken und Architektur – und die schönste Rokokokirche Oberbayerns ➤ S. 61

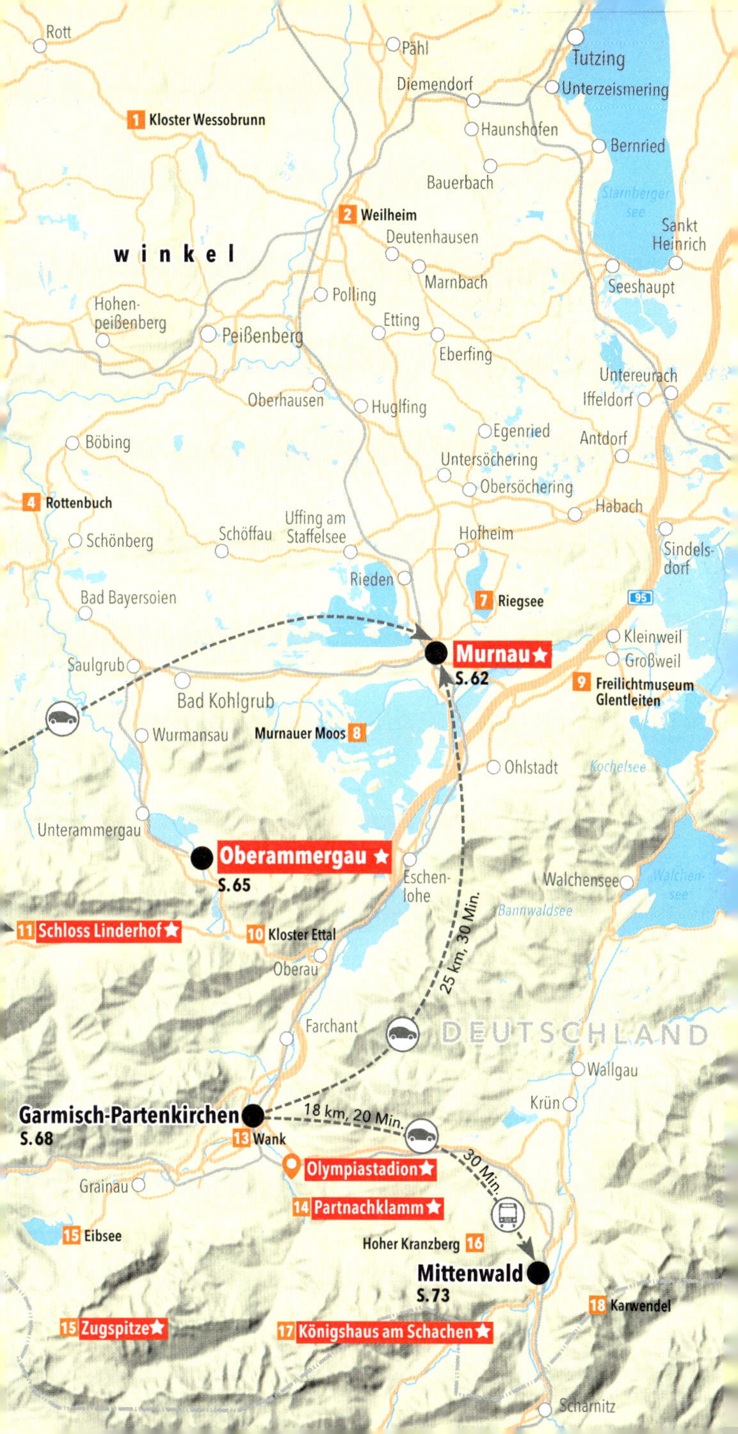

Rott
Pähl
Tutzing
Diemendorf
Unterzeismering
1 Kloster Wessobrunn
Haunshofen
Bernried
Bauerbach
Starnberger see
2 Weilheim
Deutenhausen
Sankt Heinrich
winkel
Marnbach
Seeshaupt
Polling
Hohen-peißenberg
Etting
Peißenberg
Eberfing
Untereurach
Oberhausen
Huglfing
Iffeldorf
Egenried
Antdorf
Böbing
Untersöchering
Obersöchering
4 Rottenbuch
Habach
Uffing am Staffelsee
Schöffau
Hofheim
Schönberg
Sindelsdorf
Rieden
Bad Bayersoien
7 Riegsee
95
Kleinweil
Murnau
S. 62
Großweil
Saulgrub
9 Freilichtmuseum Glentleiten
Bad Kohlgrub
Wurmansau
Murnauer Moos 8
Ohlstadt
Kochelsee
Unterammergau
Oberammergau
S. 65
Eschenlohe
Walchensee
Walchensee
Bannwaldsee
25 km, 30 Min.
11 Schloss Linderhof
10 Kloster Ettal
Oberau
Farchant
DEUTSCHLAND
Wallgau
Krün
Garmisch-Partenkirchen
S. 68
18 km, 20 Min.
13 Wank
30 Min.
Olympiastadion
Grainau
14 Partnachklamm
15 Eibsee
Hoher Kranzberg 16
Mittenwald
S. 73
18 Karwendel
15 Zugspitze
17 Königshaus am Schachen
Scharnitz

Eine wahre Pracht in Gold und Weiß entfaltet sich im Kloster Wessobrunn

# PFAFFEN-WINKEL

*(🕮 E–F6)* **Kirchen, Klöster und Kunst gehen in der Hügellandschaft des Pfaffenwinkels seit dem 18. Jh. eine ländliche Symbiose ein: Die Wessobrunner Stuckkunst stammt von hier. Die Tour führt über Altenstadt nach Wessobrunn bis Rottenbuch und Wies.**

## ORTE IM PFAFFENWINKEL

### 1 KLOSTER WESSOBRUNN

Luftig wie Zuckerguss: Die imposante Klosteranlage war ab dem späten 17. Jh. Heimat der Stuckatoren. Mit bloßen Händen statteten sie die Decken aus – ein außergewöhnliches Stück Kunstgeschichte. Die Techniken wurden über Generationen verfeinert, über 600 Künstler verzeichnet die Klosterchronik; die berühmtesten – die Familien Schmuzer, Zimmermann, Feichtmayr – arbeiteten von Polen bis Italien und verschönerten im 18. Jh. auch Wessobrunn. Im Fürstentrakt und im Tassilosaal ist der Stuck perfekt: Er fließt wie Spitze. *Besichtigungen April–Dez. Mi–So 15 Uhr, Jan.–März nur Fr–So | Treff am Pfarramt | Eintritt 3 Euro | pfarrei-wessobrunn.de*

Gutes Essen findest du im *Gasthof zur Post (Mi geschl. | Zöpfstr. 2 | Tel. 08809 2 08 | €).*

### 2 WEILHEIM

Ein oberbayerisches Idyll mit seinen eng stehenden Häusern ist der Marienplatz von Weilheim (25 500 Ew.).

Der Stuck in der *Pfarrkirche Mariä Himmelfahrt* – aufgetragen von Jörg Schmuzer um 1630 – gilt als ältestes Werk der Wessobrunner Schule. Im *Stadtmuseum (Di–Sa 10–17, So 14–17 Uhr | Eintritt frei | Marienplatz 1)* im *Alten Rathaus* sieht du hohe Schnitzkunst. Mit viel Holz geht es weiter im modernen *Pöltner Hof (tgl. 11.30–14, 17.30–21.30 Uhr | Pollinger Str. 4 & 6 | Tel. 0881 39 46 47 10 | hotel-weilheim.de)*, wo du bei Ochsenbäckchen die Sonne genießt. Lass noch Platz: Die *Konditorei Barnsteiner (Mo geschl. | Admiral-Hipper-Str. 14 | konditorei-barnsteiner.de)* hat tolle Bruchschokolade.

**INSIDER-TIPP**
**Feine alte Karren**

Im Lokal *Alte Ziegelei (Mi–So ab 17 Uhr | Tassilostr. 2)* im nahen Polling sind über 200 Luxusoldtimer von Ferrari, Maserati und Co. ausgestellt. Zum Streicheln schön!

## 3 ALTENSTADT

Die romanische *Basilika Sankt Michael* des Orts (3300 Ew.) bezeugt durch ihre schiere Größe die Bedeutung Altenstadts, bevor der Markt im 14. Jh. auf den Berg oberhalb des Lechs verlegt und damit Schongau gegründet wurde. So blieb die wunderbare Tuffsteinquaderarchitektur der Basilika unverfälscht erhalten, in deren Mittelpunkt der über 3 m hohe *Große Gott von Altenstadt* (um 1200) schwebt. Christus ist als König mit Goldreif dargestellt; die Dornenkrone.

Zauberhaft für Kinder ist der *Schongauer Märchenwald (tgl. 10–18 Uhr | Erw. 8, Kinder unter 5 Jahren 6 Euro | Dießener Str. 6 | Schongau | schongauer-maerchenwald.de)* mit Rehen, Hasen und Hängebauchschweinen.

## 4 ROTTENBUCH

Die im 11. Jh. gegründete, romanische Klosterkirche *Mariä Geburt* wurde im 18. Jh. von Joseph und Franz Xaver Schmuzer prachtvoll umgestaltet. Deutlich zu erkennen ist der Übergang vom gesetzten Barock zum überbordenden Rokoko. Matthäus Günther war für die Fresken verantwortlich.

## 5 STEINGADEN

Am ehemaligen *Welfenmünster Sankt Johannes Baptist* in Steingaden ist der romanische Ursprungsbau mit Langhaus und Doppelturmfassade noch zu erkennen. Welfenherzog Welf VI. gründete sie 1147. Im 17./18. Jh. wurden Gotteshaus und Kloster barockisiert und schließlich im Rokoko in eine Symphonie aus Weiß und Gold verwandelt – beteiligt war u. a. Stuckator Franz Xaver Schmuzer.

3 km nördlich von Steingaden liegt das Wallfahrtskirchlein *Mariä Heimsuchung* in Ilgen: Es war 1676 die erste eigenständige Arbeit von Johann Schmuzer, dem Patriarchen des Clans. Bemerkenswert sind die frei hängenden Stuckgirlanden.

## 6 WIESKIRCHE ★

Außen bescheiden, innen oho! Die in Wessobrunn ausgebildeten Brüder Dominikus und Johann Baptist Zimmermann hatten an Kirchen und Schlössern bereits zahllose Zeugnisse ihres genialen Könnens hinterlassen, als sie 1746 den Auftrag erhielten, eine neue Wallfahrtskirche in der Wies zu bauen. Ein Glücksfall, denn die beiden Bauherren setzten an dieser Kirche die Gestaltungsprinzipien des Rokoko in Architektur, Stuck, Fresken und Lichtregie zu einem Gesamtkunstwerk um. Kein Wunder, dass dieses Kleinod zum Unesco-Weltkulturerbe zählt. Der perfekte Rahmen für die Kirchenkunst ist die mittwöchige Orgelmeditiation um 11.45 Uhr zwischen Mai und Oktober. *Sommer tgl. 8–20, Winter 8–17 Uhr, nicht während des Gottesdienstes | Wies 12 | Steingaden | wieskirche.de*

INSIDER-TIPP
**Gratis-Konzert**

# MURNAU AM STAFFELSEE

*(□ F6–7)* **Wie hätte sich ★ Murnau (12 000 Ew.) entwickelt, wenn Gabriele Münter und Wassily Kandinsky es nicht „entdeckt" hätten?** Wahrscheinlich wären andere Künstler gekommen, denn die Moorlandschaft vor den Ammergauer Alpen ist von besonderem Licht geprägt. Heute ist die Kleinstadt das Herz einer Region, die Franz Marc als sein „Blaues Land" verewigt hat.

## SIGHTSEEING

### MÜNTER-HAUS

Der von den Einheimischen „Russenhaus" genannte Lebensmittelpunkt Gabriele Münters, die hier bis zu ihrem Tod 1962 lebte, war eine Keimzelle des Expressionismus. Wassily Kandinsky leistete seiner Gefährtin 1909–14 Gesellschaft; zusammen mit Franz Marc wurde in dem Häuschen am Manifest des „Blauen Reiters" gearbeitet. Die weitgehend original erhaltene Einrichtung lassen diese Jahre wiederauferstehen. *Di–So 14–17 Uhr | Eintritt 3 Euro | Kottmüllerallee 6 | muenter-stiftung.de | 1 h*

### OBER- UND UNTERMARKT

Die Hausfassaden schmücken Türmchen, Lüftlmalereien und Giebel: Emanuel von Seidl restaurierte den historischen Bestand 1906–13. Vom neugotischen *Rathaus* am Untermarkt bummelst du zur *Mariensäule* (18. Jh.) und *Maria-Hilf-Kirche* (17. Jh.), weiter bis zum *Hotel Post Murnau,* wo Ludwig II. abstieg. Mittwochs ist Wochenmarkt.

### SANKT NIKOLAUS

Understatement trifft es wohl am ehesten. Die spätbarocke Kirche ist von außen schlicht. Doch innen funkelt Gold, und die Heiligenfiguren tummeln sich unter der Kuppel. Ob die wissen, wer sie geschaffen hat? Wer die Rokokokirche baute, ist nämlich unbekannt ...

### SCHLOSSMUSEUM

Die Ausstellung schlägt einen Bogen von der Hinterglasmalerei zu den Werken der Künstler des „Blauen Reiter". Zudem werden die größte Sammlung zu Gabriele Münter und eine Dokumentation des Schriftstellers

Ödön von Horváth gezeigt, der 1923–33 in Murnau lebte. *Di–So 10–17 Uhr | Eintritt 6 Euro | Schlosshof 4-5 | schlossmuseum-murnau.de | 1 h*

## ESSEN & TRINKEN

### GRIESBRÄU

Hier zapft der Hausherr noch von Hand an: In der Privatbrauerei gibt's Werdenfelser Ur-Dunkel oder Griesbräuer Hell und auch gutbayerische Schmankerl von der Tageskarte. Beim Bierseminar darfst du über 1,5 Std. verkosten und erfährst alles über Hopfen und Malz. Jeden 2. Dienstag von März bis September für 17 Euro. *Obermarkt 37 | Tel. 08841 1422 | griesbraeu.de*

### MURNAUER KAFFEERÖSTEREI

Echte Kaffeesommeliers sind hier am Werk und schenken ein. Schöne Mitbringsel in Bohnenform. *Cold Brew* ist ein Trend aus Australien, der im Sommer herrlich leicht ist. Die Baristas an der Theke zaubern ihn für dich. *Di–Do 14–17, Fr 10–18, Sa 10–16 Uhr | Am Mösl 4 | murnauer-kaffeeroesterei.com | €*

INSIDER-TIPP
**Eiskaffee ohne Eis**

### SEERESTAURANT ALPENBLICK

Essen nicht vergessen! Das passiert beim Blick über See und die Alpen leicht. Dabei sind Saibling und Veggie-Gerichte so gut! Im Sommer spielen mittwochs Heimatmusiker auf. Vom Steg des *Strandbads Alpenblick* kannst du dich herrlich erfrischen – oder tolle Fotos schießen. *Kirchtalstr. 30 | Uffing am Staffelsee | Tel. 08846 9300 | seerestaurant-alpenblick.de | €€*

Seerestaurant Alpenblick: leckere Küche, getoppt nur von der Aussicht auf den Staffelsee

## SHOPPEN

### JOCKIS RARITÄTENLADEN

Bemalte Herzkisten, Landhausstühle, Skulpturen, alte Backformen: Der Laden hat schönen Nippes im Shabby-Chic-Stil. *Untermarkt 43 | jockis-maerkte.de*

### PER DUE

Im Sommer bunte Kleidchen, im Winter schöner Strick, wie vom Münchner Cashmere-Label *Holy Goat*. Zum Verlieben: Die Auswahl an Taschen und Körben. *Obermarkt 38 | perdue-mode.de*

## SPORT & SPASS

### FAHRRADFAHREN

Auf den Spuren des Blauen Reiters von Murnau nach Kochel: Bei der Tourist-Info gibt's eine Radkarte zu Aussichtspunkten, Museen und Wohnhäusern der Künstler. Radverleih: *Oberland-Sports (Petersgasse 3 | oberland-sports.de)*

Verloren gehen im Murnauer Moos? Nicht, wenn du immer schön dem Pfad folgst

### MONDSCHEINFAHRT

Um 20 Uhr legt der *Staffelseedampfer* in den Sonnenuntergang ab. *April–Ende Okt. Do, Fr, So | Preis 21 Euro | Anlegesteg Seehausen | staffelsee.org*

### STRÄNDE

Freibäder gibt es in Seehausen und Uffing am Staffelsee. Schweinebucht nennt sich die südöstliche Kurve, in der es den schönen Beachkiosk *Bucht 27* gibt. Burger, Apfelkuchen oder Sundowner an der Seestr. 27.

INSIDER-TIPP
**Ausflug in die Schweinebucht**

## AUSGEHEN & FEIERN

### MONDSCHEINFAHRT

Um 20 Uhr legt der Staffelseedampfer in den Sonnenuntergang ab. Sonntags ist Krimitag ... *April–Ende Okt. Do, Fr, So | Preis 18 Euro | Anlegesteg Seehausen | staffelsee.org*

# RUND UM MURNAU

### 7 RIEGSEE

*4 km/15 min von Murnau (Fahrrad)*

Gleich neben Murnau liegt dieses Seeidyll inmitten von Äckern und Wiesen. Hier ist es ruhiger als am Staffelsee.

Am Westufer finden sich mehrere Badestege. Und hier lebt ein echtes Unikat: *Michael Krippel (Do–Sa | Dorfstr. 43 | lederhosen-michi.de)* fertigt handbestickte Lederhosen. Nur Sschauen ist schon schön. *F6*

### 8 MURNAUER MOOS

*2,5 km/8 min von Murnau bis zum Parkplatz Ramsachkircherl (Auto)*

Die geschützte Moorlandschaft ist ein Biotop seltener Pflanzen und Tiere. Ein 12 km langer Rundwanderweg führt mit etwas Glück zum Wachtelkönig. Das *Ramsachkircherl* oder *Ähndl* erinnert an die Gefahren, denen Reisende früher ausgesetzt waren. Im Frühjahr und Sommer überzieht eine bunte Blütenpracht das Moos, im Herbst Herbstzeitlose und Schwalbenwurz-Enzian.

Am Endpunkt wartet der *Ähndl (Mo geschl. | Ramsach 2 | Tel. 08841 5241 | aehndl.de | €€)*, in dem es Kasspatzn, ein gutes Knödeltrio und Wildgulasch zu fairen Preisen gibt. *F7*

### 9 FREILICHTMUSEUM GLENTLEITEN

*8 km/13 min von Murnau (Auto)*

Mehr als 60 historische Bauernhäuser, Hütten und Ställe bilden eine animierte Kulisse, in der Kinder wie Erwachsene Spannendes entdecken. Das Veranstaltungsprogramm reicht vom Hosenträger sticken bis zum Käsen. *Mitte März–Mitte Nov. Di–So 10–17 Uhr, Juni–Sept. tgl. | Eintritt 7, Kinder 2 Euro | An der Glentleiten 4 | Großweil | Tel. 08851 1850 | glentleiten.de | 2 h | F-G7*

# OBERAMMERGAU

*(F7)* **Fromm und traditionsverbunden ist ★ Oberammergau (5400 Ew.), wenn es alle zehn Jahre ein Gelübde erfüllend mit Inbrunst die „Passion" zelebriert. Viele Souvenirläden schrecken zunächst ab, doch guck zweimal hin: Die bunten Fresken und der Dorfcharme machen vieles wett.**

## SIGHTSEEING

### OBERAMMERGAU-MUSEUM

Das Heimatmuseum dreht sich um die Holzschnitzerei, präsentiert mit leichter Hand, was das Anschauen zum Erlebnis werden lässt. *Di–So 10–17 Uhr | Eintritt 3,50 Euro | Dorfstr. 8 | oberammergaumuseum.de*

### PASSIONSTHEATER

Nachdem die Pest wütete, gelobten die Oberammergauer ab 1634 ein Theater über Tod und Auferstehung Jesus aufzuführen. Bis heute hält sich gut die Hälfte der Bürger an das Versprechen und spielt mit. Nachdem die 2020er-Passion wegen Corona abgesagt werden musste, setzt man nun aufs Jahr 2022 fürs nächste Spiel. Intendant und gebürtiger Oberammergauer Christian Stückl hat weitere Stücke im Repertoire, so das bayerische Kultstück „Der Brandner Kaspar" oder die Puccini-Oper „Nabucco". Wenn nicht gespielt wird, kann das Theater besichtigt werden *(Buchung über das Oberammergau-Museum). Feldiglgasse 16 | passionstheater.de*

### PILATUSHAUS

Das von Franz Seraph Zwinck 1784 mit Szenen von Christi Verurteilung bemalte Haus birgt eine spannende Ausstellung von Hinterglasbildern, die u. a. die Künstler des Blauen Reiters inspirierten. In der *Lebenden Werkstatt* lassen sich Kunsthandwerker bei der Arbeit über die Schulter gucken; die Stücke werden nebenan im Laden verkauft. *Mitte Mai–Mitte Okt. Di–So 13–18 Uhr | Eintritt frei | Ludwig-Thoma-Str. 10*

### SANKT PETER UND PAUL

Der Stuckator Joseph Schmuzer, der Freskant Matthäus Günther und der Holzbildhauer Franz Xaver Schmädl legten im 18. Jh. Hand an die Kirche. Ergebnis: ein Rokoko-Gotteshaus, das so leicht wirkt, als könnte es gleich abheben!

### ZOTT ARTSPACE

Das Privatmuseum von Kunstsammler Christian Zott ist selbst unter Kennern noch ein Geheimtipp. Die Ausstellung zeigt Werke von Kunstfälscher Wolfgang Beltracchi und Depot-Fotograf Mauro Fiorese. Im benachbarten Restaurant *Hieronymus (Di geschl. | Tel. 08822 9399120 | €€€)* finden Kunst und Genuss zusammen. Am Lokaleingang prangt der Kopf eines Werdenfelser Ochsen, der als Glücksbringer des Sammlers gilt. Der gläserne Weinschrank beherbergt Raritäten aus aller Welt. *Mo–Fr 11–18 Uhr | Weiherweg 34–36 | lartor.de | 30 min*

INSIDER-TIPP
**Ochs am Berg**

## ESSEN & TRINKEN

### AMMERGAUER MAXBRÄU

Das Restaurant im Hotel Maximilian steht für eine gute bayerische Küche mit Brätstrudelsuppe oder Krustenbraten, dazu hausgebrautes Weißbier. *Ettaler Str. 5 | Tel. 08822 948740 | maximilian-oberammergau.de | €€*

### DER DORFWIRT

Restaurantführer überschlagen sich vor Lob: Thomas Zwink kocht auf höchstem Niveau Überraschungsmenüs. *Di/Mi geschl. | Pürschlingstr. 2 | Unterammergau | Tel. 08822 9496949 | gasthaus-dorfwirt.com | €€*

## SPORT & SPASS

### ALPINE COASTER

Was für ein Ritt! Vom Kolbensattel führt die wetterfeste Magnetbahn über 73 Kurven und 2,6 km ins Tal hinab. Nervenkitzel: Die Bahn rast bis zu 4 m über dem Boden dahin. *April, Okt. tgl. 11–17, Mai–Sept. bis 18, Nov. bis 16 Uhr | Eintritt 9 Euro | Kreislainenweg | kolbensattel.de*

### LABER-BERGBAHN & WANDERUNG

Eine abwechslungsreiche Wanderung führt mit der *Bergbahn (tgl. 9–17, Winter bis 16.30 Uhr, Juni–Aug bis 22 Uhr | einfache Fahrt 10 Euro | Ludwig-Lang-Str. 59)* auf den *Laber* (1686 m) und dort in Richtung *Ettaler Mandl* (1633 m) ca. 20 Minuten bis zum Be-

Wo die Späne fallen: Schnitzerin und andere Künstler zeigen ihr Handwerk im Pilatushaus

ginn eines Klettersteigs. Wer trittsicher ist, geht weiter aufs *Mandl*, die anderen umrunden den Gipfel und steigen über den *Soilasee* ab nach Oberammergau.

# RUND UM OBERAMMERGAU

## 10 KLOSTER ETTAL

*5 km/8 min von Oberammergau (Auto)*

Die große Kuppel des barocken Benediktinerklosters ist weithin sichtbar. Der im 14. Jh. durch Ludwig den Bayern gestiftete Konvent brannte 1744 ab. Den Neubau verantworteten die bekanntesten Künstler des Hochbarock: Enrico Zuccalli (Pläne) und Joseph Schmuzer (Kuppel). Sohn Franz Xaver Schmuzer und Johann Georg Üblher stuckierten das Gotteshaus, Johann Baptist Zimmermann die Sakristei. Die Fresken der Hauptkuppel trug der Tiroler Johann Jakob Zeiler auf. Sie öffnet sich illusionistisch zum Himmel und ist auf eine zierliche Skulptur zentriert: die von Ludwig gestiftete, marmorne *Ettaler Madonna*, die aus Pisa stammt. In der *Schaukäserei (Di–So 10–17 Uhr | Mandlstr. 1 | schaukaeserei-ettal.de)* nebenan geht es ganz profan um den Ammergauer Bierkäse. *Basilika tgl. 8–18 Uhr | Kaiser-Ludwig-Platz 1 | kloster-ettal.de | ⏲ 2 h | 🕮 F7*

## 11 SCHLOSS LINDERHOF ★ ⚑

*14 km/15 min von Oberammergau (Auto)*

Im Graswangtal liegt das von Ludwig II. bis 1878 in ein Rokoko-Schlösschen verwandelte Jagdhaus. Höhepunkt ist der Spiegelsaal in Blau und Gold. Das Tischleindeckdich ist wie viele andere Spielereien ein Beleg für das Interesse des Monarchen am technischen Fortschritt. Im Park verbergen sich *Maurischer Kiosk, Hundinghütte* und *Venusgrotte,* in der Ludwig auf seinem Muschelboot übers Wasser glitt. Bis 2022 wird diese renoviert. *Parkbauten im Winter nicht zugänglich | Eintritt 7,50 Euro | Linderhof 12 | Ettal | schlosslinderhof.de | 3 h | E–F7*

### 12 SCHLOSS NEUSCHWANSTEIN ★

*48 km/50 min von Oberammergau (Auto)*

Bayern ohne Märchenschloss? Undenkbar! Und so solltest du den Abstecher nach Schwaben wagen. Für den „Kini" war der Bau (1868–92) sein liebstes Zuhause, ein Schloss, das an mythologische Themen wie Lohengrin und den Heiligen Gral erinnert. Vom Parkplatz geht's rund 30 Minuten bergauf zum Schlosseingang – alternativ kannst du eine Kutsche nehmen. *April–Sept. tgl. 9–18, Winter 10–16 Uhr, das Ticketcenter (Alpseestr. 12 | Hohenschwangau) öffnet und schließt jeweils eine Stunde früher | Eintritt 15,50 Euro, möglichst im Voraus buchen | hohenschwangau.de | 1 h | E7*

So schön wie unwirklich: Ludwigs II. Zuckerbäckerschloss Neuschwanstein

Spannendes zum „Kini"-Trubel liefert das *Museum der Bayerischen Könige (tgl. 9–17 Uhr | Eintritt 13 Euro | Alpseestr. 24)* im ehemaligen Hotel Ameron. Ein einmaliges Erlebnis ist ein *Paragliding-Tandemflug (ab 145 Euro | fly-royal.de),* über Schwangau, den du im Hotel buchen kannst.

INSIDER-TIPP
Traumschloss von oben

Vom Restaurant *Alpenrose (Mi–So bis 18 Uhr)* hast du einen zauberhaften Blick auf den Alpsee, um den du in einer guten Stunde herumlaufen kannst.

# GARMISCH-PARTENKIRCHEN

*(F7)* **Garmisch-Partenkirchen (27 000 Ew.) am Fuß der Zugspitze, ist umgeben von den Felszacken des Wettersteins und nach Norden**

**abgeschirmt von Estergebirge und Ammergauer Alpen. Wer Berge liebt, wird hier den Himmel finden. Mit Wanderungen, Gipfelabenteuern und Bergseen.**

## SIGHTSEEING

### FRÜHLINGSSTRASSE

Garmischs gute Lüftlstube: Hier stehen alte Höfe mit schweren Geranienkübeln und Wandbildern. Links in der Fürstenstraße liegt die *Alte Kirche Garmisch* (13. Jh.) mit romanischen und gotischen Fresken. Und ums Eck die trubelige Fußgängerzone.

### KIRCHE SANKT MARTIN

Zwiebelhaube von außen, Fresken von innen. Die Kirche aus dem 18. Jh. am Marienplatz ist alte Wessobrunner Schule mit filigranem Freskenschmuck von Johann Schmuzer.

### LUDWIGSTRASSE

Die Straße im Herzen von Partenkirchen ist ein Schmuckstück! Auf dem *Gasthof Fraundorfer* ist eine bunte Bauernhochzeit verewigt, am *Haus Simon* wacht Erzengel Gabriel. Obwohl die Straße im 19. Jh. einem Brand zum Opfer fiel, wirkt sie nach dem Wiederaufbau ur-werdenfelserisch.

### WERDENFELSMUSEUM

Das Museum in der Ludwigstraße führt auf fünf Stockwerken durch Geschichte und Traditionen des Werdenfelser Lands. Skurril: die hiesigen Faschingsbräuche der *Maschkera* mit bizarren Holzmasken. *Di–So 10–*

Bildschön einkehren unter den bemalten Fassaden in Partenkirchens Ludwigstraße

*17 Uhr | Eintritt 4,50 Euro | Ludwigstr. 47 | 45 min*

### OLYMPIASTADION ★

Die Zeiten ändern sich. 1936 fanden hier die Olympischen Winterspiele statt, die 1940 geplanten wurden wegen des Kriegs abgesagt. Dafür wurde das Olympiastadion mit viel Beton, Statuen und drei Sprungschanzen in einen eher erschreckenden Monumentalbau umgestaltet. Rund ums Stadion gibt's heute jede Menge zu entdecken: Mutige schwingen in 75 m Höhe an einer *Seilrutsche (April–Nov. Mi/Sa/So 15–18 Uhr | 19 Euro | flyingfox-gap.de)* die Sprungschanze hinab, auf der jedes Jahr das Neujahrsspringen stattfindet. *Führungen Sa 15.15 Uhr, im Sommer auch Mi 18 Uhr | 12 Euro | Anmeldung (mind. 8 Teilnehmer) bei der Tourist-Info unter Tel. 08821 18 07 00 | 2 h*

## ESSEN & TRINKEN

### ZUM WILDSCHÜTZ

Eine alte Stube, kaltes Bier und beste Alpen-Schmankerl. Ob Wildgulasch, Schnitzel oder Forelle – es schmeckt und du bleibst gerne noch auf einen Absacker sitzen. Unbedingt reservieren! *Tgl. | Bankgasse 9 | Tel. 08821 32 90 | wildschuetz-gap.de | €€*

### BRÄUSTÜBERL

INSIDER-TIPP
Da ist Musik drin

Seit 350 Jahren wird hier gegessen, gekartelt und Musik gemacht. Noch heute gibt's guten Braten und tolle Salate. Jeden Samstag spielen ab 19 Uhr die Werdenfelser Musikanten auf – und kaum einer, der am Ende nicht mitsingt. Am Ende des Abends wirf einen Blick auf die Fassade: Die Lüftlmalerei zeigt zechende Garmischer. *Di geschl. | Fürstenstr. 23 | Tel. 08821 23 21 | braeustueberl-garmisch.de | €*

## SHOPPEN

### WILDKAFFEE

Bergsonne, Wilderer oder Wildsau: Die Espressoröstungen in schönen Verpackungen sind ein tolles Mitbringsel. Aber nicht einfach so; das Team im Shop besteht aus Experten, was das Kaffeemachen auf Reisen angeht. Schon mal was von der AeroPress gehört? Einfach fragen! *Mo–Fr 9–17 Uhr | Bahnhofstr. 40 & 42 | wild-kaffee.de*

INSIDER-TIPP
Coffee to go

## SPORT & SPASS

### ALPSPIX

1000 m Abgrund unter einem, das ist nur was für Schwindelfreie. Zwei 3 m breite Stahlarme ragen vom Osterfelderkopf (2080 m) 13 m weit ins Nichts. Die Aussichtsplattform ist umstritten. Wer einen ordentlichen Adrenalinschub sucht, wird aber fündig. *Anfahrt vom Parkplatz Kreuzeck mit der Alpspitzbahn | zugspitze.de*

### OLYMPIA-EISSPORTZENTRUM

Schlittschuhlaufen für Groß und Klein, für Anfänger und Könner in dem für die Olympischen Winterspiele 1936 gebauten Eisstadion. *Mo–Fr 14–17, Sa/So 12–17 Uhr | Eintritt 6 Euro | Am Eisstadion 1*

### BUILD2RIDE

Ein Snowboard kaufen kann jeder. Eins im Zwei-Tages-Workshop *(Sept.–April | 690 Euro inkl. Material)* bauen nicht. Urlaubsprojekt mit Gelinggarantie! *Heubergweg 15 | Farchant | Tel. 08821 9 67 59 44 | build2ride.de*

## AUSGEHEN & FEIERN

### PARTENKIRCHNER BAUERNTHEATER

An Samstagen bespielt die traditionsreiche Bauerntheatertruppe den historischen Festsaal im Gasthof zum Rassen. *Ludwigstr. 45 | Tel. 08821 5 55 98 | partenkirchner-bauerntheater.de*

### SERVUS MUSICBAR

Ois easy – würde der Bayer zu dieser Kneipe sagen. Ein bisschen wie ein Wohnzimmer fühlt sich die Lounge mit Hirschgeweih und moderner Kunst an. Musiker aus der Umgebung fordern sich bei der offenen Jam Session jeden Dienstag heraus. Es wird musiziert, dass der Bierschaum bebt. *Tgl. ab 17 Uhr | Sonnenstr. 1 | Tel. 170 6 01 07 70 | servusmusicbar.de*

### MIRIS HÜTT'N

Beim Après Ski – natürlich nur im Winter – geht's im Ort freitags und samstags ab 16 Uhr am Marienplatz ab – selbst, wenn du vorher nicht auf der Piste warst. Am gemütlichsten ist es in *Miris Hütt'n*. Während du auf dein Weißbier wartest, kannst du einer kleinen Seilbahn beim Gondeln zuschauen. *mirishuettn.de*

# RUND UM GARMISCH

## 13 WANK

*18 min von der Station Garmisch bis zum Gipfel (Wankbahn)*

Der Gipfel (1780 m) rockt und ist weniger überlaufen als die Schwester Zugspitze. Es gibt Musikfestivals, Heimatabende, geführte Wanderungen, und einen Kletterspielplatz. Diesen Sonnenrgruß wirst du nie vergessen! Beim *Gipfelyoga (Termine unter yogafreude.de)* wirst du eins mit Berg und Natur. *Wankbahn: März–Okt. 8.45–17, Nov. 8.45–16.30, Dez.–Feb. 10–17.30 Uhr | 22,50 Euro | zugspitze.de | F7*

INSIDER-TIPP
**Ommm auf dem Gipfel**

## 14 PARTNACHKLAMM ★

*3 km/5 min von Garmisch bis Parkplatz Olympiastadion (Auto), dann zu Fuß*

Der Weg durch die 700 m lange und bis zu 80 m tiefe Schlucht der Partnach ist zu jeder Jahreszeit ein Erlebnis, rutschfestes Schuhwerk vorausgesetzt. Bei Regen schwellen Fluss und Fälle bedrohlich an, im Winter verwandeln sie Eisskulpturen in ein Märchenreich. Dann organisiert die Tourist-Info auch tolle *Fackelwanderungen* durch die Klamm. *Okt.–Mai tgl. 8–18, Juni–Sept. 8–20, 9–18 Uhr | Eintritt 6 Euro | partnachklamm.eu | F7*

## 15 ZUGSPITZE & EIBSEE

*12 km/15 min von Garmisch bis zur Zugspitzstation am Eibsee (Auto)*

Deutschlands höchster Berg, die ★ Zugspitze (2962 m), ist immer

Partnachklamm – hier zwängt sich der Fluss durch eine nur 5 m breite Schlucht

noch faszinierend. Besonders seit 2017 die *Neue Seilbahn Zugspitze (tgl. 8–16.45 Uhr | 59,90 Euro | Am Eibsee 6 | Grainau | Tel. 08821 79 70 | zugspitze.de)* eröffnet hat und drei Weltrekorde hält: Sie überwindet die größte Höhendifferenz mit 1945 m, stützt sich auf den höchsten Stahlpfeiler (127 m) und hängt am mit 3213 m längsten freischwebenden Seil. Vom Gipfel blickst du 250 km weit, über 400 Gipfel (u. a. Großglockner, Marmolata und Ortler) und vier Länder.
Im Tal siehst du schon dein nächstes Ziel funkeln: den malerischen *Eibsee*. Voller kleiner Buchten und mit acht Inselchen ist er perfekt für eine Runde mit dem Tret- oder dem Ruderboot.

INSIDER-TIPP
**Badehose eingepackt?**

Einen Badeplatz mit Zugspitzpanorama findest du westlich der Eibseebrücke. Ruhiger wird es hinter dem Frillensee. Der See ist in Privatbesitz, doch Gastronomie, Kioske und SUP-Verleih sorgen für gute Infrastruktur. Ein Traum: Im Winter friert der See zu und du kannst auf dem Eis spazieren gehen.
*E–F8*

# MITTENWALD

*(F8)* **Ein kunterbuntes Bilderbuch bäuerlichen Lebens haben Lüftlmaler auf Mittenwalds Hausfassaden und Kirchturm hinterlassen.**
Eingerahmt ist das fröhliche Ortsbild von dramatischer Kulisse: der nahezu senkrecht aus dem Tal aufsteigenden Wand des nördlichen Karwendel.

## SIGHTSEEING

### ALTSTADT

Seine Blüte erlebte Mittenwald vom 16. bis zum 18. Jh. Damals wurden viele der breiten Häuser mit vorkragendem Giebel, Torfassaden und Tonnengewölben errichtet und mit Lüftlmalereien geschmückt. Sehenswert sind u. a. das *Goethe- (Obermarkt 2)*, das *Schlipfer- (Goethestr. 23)* und das *Neunerhaus (Obermarkt 24)*. Der Stuckkünstler Josef Schmuzer verschönerte die *Pfarrkirche Sankt Peter und Paul*. Matthäus Günther entwarf die illusionistischen Fresken, die selbst am Kirchturm sich ranken. Davor erinnert ein Denkmal an Matthias Klotz (1653–1743), der Mittenwald den Geigenbau brachte.

### GEIGENBAUMUSEUM

Matthias Klotz hatte das Handwerk 1672–78 in Italien gelernt, gab es in seinem Heimatort weiter und begründete eine Tradition, die bis heute gepflegt wird: Fast ein Dutzend Geigenbauer leben hier. Das Museum in einem der ältesten Häuser des Dorfs erklärt das Werden einer Geige. Freitags erläutern Experten auch Techniken des Geigenbaus. *Di–So 10–17, Jan., Mitte März–Mitte Mai 11–16 Uhr, Nov.–10. Dez. geschl. | Eintritt 5,50 Euro | Ballenhausgasse 3 | geigenbaumuseum-mittenwald.de | 30 min*

## ESSEN & TRINKEN

### GASTHOF STERN

Der gemütliche Gasthof mit Biergarten serviert bayerische Schmankerln

Garantierte Scharfsicht: Riesenfernrohr an der Bergstation der Karwendelbahn

und Mittenwalder Helles. Weil das Wirtshaus bei den Einheimischen beliebt ist, wird mehrmals die Woche aufgespielt. Termine weiß die Homepage. *Tgl. | Fritz-Prößl-Platz 2 | Tel. 08823 83 58 | stern-mittenwald.de | €€*

### MARKTRESTAURANT

Rapunzelsalat, Bergbauernravioli oder „Weide OX" – diese feine Wirtshausküche ist regional verwurzelt und delikat komponiert. *So/Mo geschl. | Dekan-Karl-Platz 21 | Tel. 08823 9 26 95 95 | das-marktrestaurant.de | €€*

## SHOPPEN

### WERDENFELSER SCHAFWOLLE

Wolle, Strick- und andere Produkte von Schafen aus dem Werdenfelser Land. *Hochstr. 10 | werdenfelser-schafwolle.de*

## SPORT & SPASS

### WANDERN

Leichte bis anspruchsvolle Wanderungen führen ins Karwendelgebirge (*alpenwelt-karwendel.de*). Eine familienfreundliche Tour bringt euch z. B. von Mittenwald am *Ferchensee* (Bademöglichkeit und Gasthaus!) bis zum Tal *Elmau (1008 m, ca. 2 Std.)*. Zurück geht es am Schlosshotel Kranzbach vorbei nach *Klais (3 Std.)*.

INSIDER-TIPP **Steinhartes Wissen**

Woraus besteht ein Kieselstein? Diese Frage klärt die *Isarexkursion (geotrip.de)* mit dem Ehepaar Karner in Krün. Ein Erlebnis im Sommer ist die spektakuläre *Leutascher Geisterklamm* mit Wasserfällen, Gumpen und Brückenabenteuer.

# RUND UM MITTENWALD

### 16 HOHER KRANZBERG

*4 km/15 min von Mittenwald (Lift)*

Ab Mittenwald geht's mit dem nostalgischen Einzelsessellift *(tgl. 9–16.20 Uhr | 6 Euro)* über die Wälder. Der Abstieg führt über den *Barfußwanderweg* – ein Erlebnis für die Sinne. *F7–8*

### 17 KÖNIGSHAUS AM SCHACHEN ★

*12 km/20 min von Mittenwald zum Toureinstieg am Schlosshotel Elmau (Auto)*

Wie aus einer anderen Welt: König Ludwigs II. exzentrischer Orientpavillon auf dem Schachen ist nur zu Fuß oder per Mountainbike zu erreichen. Die Tour *(850 Höhenmeter, 3,5 Std.)* führt vom *Schlosshotel Elmau* im Tal über die *Wettersteinalm* zum *Königsschloss (Juni–Anfang Okt., Führungen tgl. 11, 13, 14 und 15 Uhr | Eintritt 5 Euro | schloesser.bayern.de)*. Ludwig II. bezog das „Jagdhaus" 1872. Über dem Erdgeschoss mit Schlafzimmer prunkt ein türkischer Saal im Stil von 1001 Nacht.

Neben dem Königshaus lohnt der *Alpengarten (Mitte Juni–Ende Aug. tgl. 8–17 Uhr | Eintritt 3,50 Euro | botmuc.de)* mit Bergflora u. a. aus dem Himalaja. Vom Königspavillon blickst du auf Reintal, Zugspitze, Alpspitze und die Höllentalspitzen. Vor dem Rückweg mach Pause im *Gasthof Schachenhaus (Ende Mai–Anfang Okt. tgl. 10–21 Uhr | Tel. 0172 8 76 88 68 | schachenhaus.de | €)*. *F8*

### 18 KARWENDEL

*10 min von Mittenwald (Bergbahn)*

Von der Talstation schwebt die Gondel der *Karwendelbahn (tgl. alle 30 Min., Mai–Mitte Sept. 8.30–18, Mitte Sept.–Mitte Okt. bis 17.15, Mitte Okt.–Nov. 9–16.30 Uhr | Berg- und Talfahrt 32,50 Euro | Alpenkorpsstr. 1 | karwendelbahn.de)* atemberaubend steil in 2244 m Höhe, wo *Karwendelköpfe* (2358 m) und *Pleisenspitze* (2569 m) das Felsrund schroff überragen. In einer Stunde führt ein Panoramarundweg durch die Landschaft; anspruchsvoller ist der Abstieg durchs *Dammkar*. Das Naturinformationszentrum *Bergwelt Karwendel* lockt mit seinem Riesenfernrohr. Die begehbare Röhre mit Panoramascheibe ragt 7 m weit über den 1300 m tiefen Abgrund! *G8*

#### SCHÖNER SCHLAFEN IN DER ZUGSPITZREGION

**CHIC OHNE CHICHI**

Baumeln lassen in der Hängematte – für Seele und Wirbelsäule. Das Biohotel *Quartier (18 Zi. | St.-Martin-Str. 26 | Garmisch | Tel. 0882 19 64 64 82 | quartier-gapa.de | €€)* hat dazu einen Traumblick auf die Zugspitze.

**EISKALT SCHLAFEN**

Im *Iglu-Hotel (Zugspitzplatt | Tel. 0800 8 80 81 88 | iglu-dorf.com | €€)* im Iglu-Dorf auf der Zugspitze erlebst du eine einmalige Nacht unterm Zelt aus Eis auf 2600 m. Wärm dich beim Käsefondue, mit Drinks an der Schneebar oder einem Abstecher in den Jacuzzi.

# TEGERNSEE & UMGEBUNG

## DAS TAL DER STERNE

**Von Sternerestaurants bis Almhütten, von Canyoning-Action bis Kneipptouren – das Gebiet ist ein wahres Potpourri an Aktivitäten. Und ist damit Oberbayern par excellence: Der notorische Hang zum Schickimicki trifft hier auf unverfälschte Natur.** Nur einen Gebirgsrücken vom Auftrieb rund um den Tegernsee entfernt verläuft das bäuerlich-herbe Isartal, ein paar Kilometer vom Surfgetümmel am Walchensee mäandert die Jachen durch ein einsames Gebirgsidyll.

Wie ein grünes Ufo – gelandet zwischen Gipfeln und Wipfeln: der Walchensee

Die Region zwischen Bad Tölz und Bayrischzell ist zugleich möchtegern-mondän und urbayerisch-ländlich. Sie leidet etwas unter der Nähe zu München, dessen großstadtgestresste Bewohner sie an den Wochenenden überschwemmen. Unter der Woche aber locken Wanderwege in unterschiedlichen Schwierigkeitsstufen. Dazu gibt es Museen, japanische Spas, Beachbars und – nicht zu vergessen – traditionelle Käsereien.

# TEGERNSEE & UMGEBUNG

## MARCO POLO HIGHLIGHTS

**★ MARKTSTRASSE IN BAD TÖLZ**
Lüftlmalereien und stuckierte Fassaden, schöner als eine Filmkulisse ➤ S. 83

**★ FRANZ-MARC-MUSEUM**
Spannende Architektur und die Werke Franz Marcs ➤ S. 80

**★ WALCHENSEE**
Skandinavien in Bayern: dunkle Wälder, kühle Buchten, ein Wikingerdorf ➤ S. 81

**★ HEILIG-KREUZ-KIRCHE**
Wieskirche im Kleinformat: ungestört kannst du Stuck, Fresken und Skulpturen betrachten ➤ S. 92

**★ GACHER BLICK**
Atemberaubendes Gipfelpanorama vom Wendelstein überm Inntal ➤ S. 92

# KOCHELSEE

*(🕮 G7)* **Wie gemalt ... Und tatsächlich hat dieser See mit seinen besonderen dunklen Grün- und Blautönen Künstler immer wieder inspiriert.**

Die außergewöhnliche Lage zwischen Kochel- und dem rund 200 m höher gelegenen Walchensee erkannte Oskar von Miller als ideal und nutzte die Wasserkraft zur Stromgewinnung. Die steile, in engen Kurven zwischen den Seen mäandernde Kesselbergstraße ist eine Attraktion für Motorradfahrer.

## ORTE AM KOCHELSEE

### 1 KOCHEL AM SEE

Bauernhäuser am Hauptplatz rahmen das Denkmal des Schmieds von Kochel. Es erinnert an die „Sendlinger Mordweihnacht", in der der hünenhafte Schmied als Anführer der Bauern aus dem Oberland 1705 einen Aufstand gegen die Habsburger organisierte. Vergebens.

Auf dem *Sankt-Michaels-Friedhof* von Kochel haben Franz Marc und seine Ehefrau Maria ihre letzte Ruhestätte gefunden.

### 2 FRANZ-MARC-MUSEUM ★

Die Kunst von Franz Marc und den „Blauen Reitern" ist gut zugänglich. In der historischen Villa sind zudem Werke des 20. Jhs. ausgestellt. Für Kinder gibt es in den Ferien tolle Tageskurse. *Di–So, April–Okt. 10–18, Nov.–März 10–17 Uhr | Eintritt 8,50, Kinder 3,50 Euro | Franz-Marc-Park 8–10 | franz-marc-museum.de | ⏱ 45 min*

### 3 WALCHENSEEKRAFTWERK ☂

Seit 1924 verbinden sechs Rohre mit einem Durchmesser von je 2 m das Wasserschloss am Walchensee mit der Turbinenhalle im Kraftwerk 200 m tiefer. Jährlich werden so umweltfreundlich 300 Mio. kW Energie erzeugt. Das Erlebniskraftwerk veranschaulicht Geschichte und Technik. *Mai–Okt. tgl. 9–17, Winter 10–16 Uhr | Altjoch 21 | walchenseekraftwerk.de*

## ESSEN & TRINKEN

### GRAUER BÄR

Das Restaurant mit mediterran-bayerischen Speisen liegt direkt am See. *Im Winter Mi geschl. | Mittenwalder Str. 82–86 | Tel. 08851 9 25 00 | grauerbaer.de | €€*

### RESTAURANT BLAUER REITER

Im Museumsrestaurant mit Sommerterrasse kommen die Zutaten wie Saibling oder Schweinefilet aus der Region. *Di–So 10–18, im Winter 11.30–16 Uhr | Franz-Marc-Park 8–10 | Tel. 08851 9 29 28 60 | restaurant-blauerreiter.de | €€*

## WELLNESS

### KRISTALL TRIMINI

Rutschvergnügen und Kneipp-Erholung. Die Liegewiese am See mit grandiosem Bergpanorama ist einmalig. *Tgl. 10–22 Uhr | Tageskarte 41,50 Euro | Seeweg 2 | kristall-trimini.de*

# RUND UM DEN KOCHELSEE

## 4 HERZOGSTAND

*9 km/30 min. von Kochel bis Urfeld (Fahrrad)*

Der 1738 m hohe Hausberg des Walchensees ist die schönste Aussichtskanzel der Gegend. In Wanderschuhen erklimmst du die 800 Höhenmeter in etwa 2,5 Stunden. Bequemer: die *Herzogstandbahn (Sommer tgl. 9–17.15, Winter bis 16 Uhr | Berg- und Talfahrt 15 Euro | Urfeld | Tel. 08858 236 | herzogstandbahn.de).* Danach läufst du ca. 40 Minuten zum Gipfel. Der Blick reicht an klaren Tagen bis nach München. Der Tagesskipass kostet 17,50 Euro – günstig wie nirgends! Die Piste ist nur was für Könner, da sie naturbelassen ist. *F-G7*

## 5 WALCHENSEE ★

*9 km/12 min von Kochel (Auto)*

Wegen seines türkisfarbenen Wassers wird er auch „bayerische Karibik" genannt: Der Walchensee ist mit 190 m Tiefe einer der tiefsten Seen Deutschlands. Von Kochel aus sind es neun kurvenreiche Kilometer auf der *Kesselbergstraße* bis *Urfeld*. Oder du wanderst wie einst Goethe auf der *Alten Kesselbergstraße,* die beide Seen seit dem 15. Jh. verbindet. Den Maler Lovis Corinth inspirierte der See zum Walchensee-Zyklus. König Ludwig II. liebte die Jagdhütte auf dem *Hochkopf*.

Auch wenn es Surf- und Sup-Verleih gibt, am besten genießt du den Blick übers Wasser. Er hat zum Sonnenaufgang etwas Magisches, vor allem wenn Nebelschwaden über die Berge fallen. Schöne Badeplätze liegen am Südufer entlang der Mautstraße.

Von der Abendsonne vergoldet: die alten Bootshütten auf dem Kochelsee

An der Isar kommt mitten in Bad Tölz Ferienstimmung auf

Eine gute Brotzeit bekommst du am *Sachenbacher-Kiosk (tgl. 10.30–17.30 Uhr).* Zugegeben, die Wanderung durchs Eschenlainetal dauert 3,5 Std. Dafür kannst du hier in Gumpen baden, also in Becken unterhalb von Wasserfällen.

INSIDER-TIPP
**Wildbaden am Wasserfall**

Ein Highlight für Kinder ist das *Wikingerdorf Flake (April–Nov. | Eintritt frei | Seestr. Wachensee)* am Westufer. *G7*

## 6 JACHENAU

*30 km/45 min von Kochel (Auto)*

Jeder, der das erste Mal auf der Mautstraße vom Walchensee Richtung Lenggries in die Jachenau einbiegt, staunt bei dem Anblick dieses idyllischen Tals. Die schroffen Gipfel des Karwendelgebirges rahmen das Panorama. Das Dorf bewacht die barocke Kirche *Sankt Nikolaus,* im Ortsteil *Bäcker* schnitzt *Josef Scheifl (Bäcker 16/1–5)* seit 50 Jahren Schalen aus Zirbenholz. Im Biergarten des *Gasthofs Jachenau (Mo/Di geschl. | Dorf 8 1/2 | Tel. 08043 9100 | hotel-gasthof-jachenau-toelzer-land.de | €€)* gibt's Kuchen und Deftiges. *G7*

## 7 KLOSTER BENEDIKTBEUERN

*7 km/10 min von Kochel (Auto)*

Im Schatten der *Benediktenwand* (1801 m) ist das älteste Kloster Bayerns (gegründet im 8. Jh.) mit seinen Zwiebeltürmen ein Hingucker. Das Innere wurde im 17. Jh. barockisiert – Hans Georg Asam fertigte die Deckenfresken, während in der *Anastasia-Kapelle* Künstler der Wessobrunner Schule am Stuck arbeiteten.

Nach der Säkularisierung richtete der Physiker Josef Fraunhofer (1787–1826) hier ein Labor ein. Seine Entdeckungen erklärt das heutige *Museum (tgl. 9–16 Uhr).* Wer was über Dirndl und Gamsbart wissen will, wird im *Trachten-Informationszentrum (Do 9–16 Uhr)* fündig. Für Kinder ist der *Moorlehrpfad* spannend, auf dem sie sich mit einer Seilrutsche über ein Schlammloch schwingen. Weitere Infos: *zuk-bb.de*. Das *Klosterbräustüberl (Zeile Weg 2 | Tel. 08857 94 07 | klosterwirt.de | €–€€)* stärkt dich mit Breznsuppe und Klosterkäse. *G6*

# BAD TÖLZ

*(G6)* **Unten die Isar, die sich mal reißend, mal sanft zeigt, darüber auf einem Tuffsteinrücken das alte Tölz (19 000 Ew.). Es ist eine stolze Stadt der Handwerker, Händler und Flößer, die bereits im 15. Jh. Marktrecht besaß.**

Die Marktstraße ist Fans der TV-Serie „Der Bulle von Tölz" ein Begriff. Die Einheimischen nutzen sie für Einkäufe, einen Ratsch oder einen Skateboardslide vor dem Rathaus. Das „Bad" erhielt Tölz nach Entdeckung der Jodquellen und dem Bau der Kuranlagen 1899.

## SIGHTSEEING

### MARKTSTRASSE ★

Ihr einheitliches Aussehen verdankt die Marktstraße nicht nur herausgeputzten Häusern aus dem 15.–18. Jh., sondern auch dem Architekten Gabriel von Seidl (1848–1913), der vielerorts in Oberbayern Verfallenes restaurierte. Das *Schretzenstallerhaus* (Nr. 21) aus dem 18. Jh. schmückt ein großer Christophorus, das *Alte Rathaus* (Nr. 43, 17./18. Jh.) viel neubarocker Stuck. Im *Stadtmuseum (Di–So 10–17 Uhr | Eintritt 2 Euro)* gibt es die berühmten geschnitzten Holzkästen zu bewundern.

### KALVARIENBERG

Die Aussicht vom Kalvarienberg wird dich umhauen! Sie reicht über Isar und Stadt. Beim Raufgehen gibt es Kreuzwegstationen, die zur eigenwilligen *Doppelkirche Heilig Kreuz* (18./19. Jh.) führen.

## ESSEN & TRINKEN

### FORELLENHOF WALGERFRANZ

Einst legten die Flößer in der Wirtschaft an, heute gibt es Saibling, Karpfen und Lachsforelle direkt aus dem Teich. *Mi geschl. | Bairawieser Str. 43 | Tel. 08041 96 65 | forellenhof-walgerfranz.de | €€*

### SCHWINGSHACKL'S

Im alten Fährhaus kocht Erich Schwingshackl ambitioniert auf Sterneniveau. *Mo geschl. | An der Isarlust 1 | Tel. 08041 60 30 | schwingshackl-esskultur.de | €€€*

### CAFÉ LOVE

Das an der Isar gelegene Café serviert den ganzen Tag über Frühstück, auf Etageren arrangiert. Auch gut: belgische Waffeln. *Amortplatz 2 | Tel. 08041 7 99 16 61 | cafe-love.de | €*

## SHOPPEN

### TÖLZER KASLADEN

Schaf, Ziege, Kuh – was darf's sein? Die Käseauswahl ist riesig. Wer Zeit hat,

Mit Kindern auf den Blomberg? Klar, denn zurück ins Tal geht's auf der Sommerrodelbahn

macht einen Workshop mit. *Letten 1 | Bad Heilbrunn | toelzer-kasladen.de*

## SPORT & SPASS

### BLOMBERG

Der Hausberg (1237 m) von Bad Tölz ist in 1,5 Std. zu erwandern oder per Sessellift *(blombergbahn.de)* zu erschweben. Oben wartet ein *Kunstwanderweg.* Im *Kletterwald (Sa/So und in den Ferien 10–18 Uhr, sonst wechselnde Öffnungszeiten | Eintritt 23, Kinder 18 Euro | Blomberg 1a | Tel. 0176 47006906 | kletterwald-blomberg.de)* führen Parcours durch die Baumwipfel, viele sind für Kinder ab sechs Jahren geeignet. Zurück ins Tal führt die mit 1286 m längste Sommerrodelbahn Deutschlands, die *Blombergbahn (6 Euro).*

### ISAR-RAFTING

Helm auf und rauf aufs Wasser – oder rein. Denn die Isar kann ganz schön ungestüm sein, wie du bei der Wildwassertour nach Lenggries merken wirst. *Action & Funtreff | Juni–Okt. Sa/So 10 und 14 Uhr | 49 Euro | Königsdorfer Str. am Parkplatz P4 | Tel. 089 8509406 | action-funtours.de*

## AUSGEHEN & FEIERN

### KULT

Club im historischen Gewölbekeller einer früheren Brauerei mit wechselndem Programm. *Sa ab 21 Uhr | Wachterstr. 19 | kult-toelz.de*

### MARIONETTENTHEATER

Die 100-jährige Tradition hält das Ensemble mit Vorstellungen von Märchen bis zu Multimediastücken hoch.

INSIDER-TIPP
**Wenn der Teufel Kirschgeist säuft …**

Sehenswert ist die düstere Komödie „Der Brandner Kaspar", das urbairischste Märchen. *Am Schlossplatz 9 | Tel. 08041 7 93 51 56 | mario netten-toelz.de*

# RUND UM BAD TÖLZ

## 8 LENGGRIES

*10 km/12 min von Kochel (Auto)*

In der Gemeinde am *Brauneck* (1555 m) ist immer was los. Bei Schnee kannst du auf 34 Pistenkilometern Gas geben. Mit der *Kabinenbahn (brauneck-bergbahn.de)* geht's das ganze Jahr hinauf. Der *Bikepark (Mitte April–Okt. Fr 14–19, Sa/So 11–17 Uhr | ab 18 Euro | nahe Brauneck-Bahn | Tel. 0173 5 66 41 22 | bike park-lenggries.com)* hat sieben Strecken für alle Level. Die *Schlucht am Sylvensteinsee (Action & Funtours | Mai–Okt. Sa/So | 79 Euro | Gebirgsjägerstr. 15 | Tel. 089 8 50 59 04 | action-funtours.de)* gilt als bester Canyoning-Spot Deutschlands.

INSIDER-TIPP
**Natürlicher Whirlpool**

Zwischen Lenggries und Bad Tölz ist Badespaß an der Isar umsonst zu haben – fürs Jacuzzi-Feeling sorgen die Strudel.

Eisfans schauen beim *Beindlhof (Beindlhof 1 | Wackersberg | beindl hof.de)* vorbei: Milch kommt von den eigenen Kühen, das Obst aus dem Garten. Wildromantisch sind die *nächtlichen Fackeltouren (2 Std. | 23 Euro | nach Vereinbarung, Info im Hotel Jäger von Fall | Ludwig-Ganghofer-Str. 8 | Tel. 08045 13 42 30 | jae ger-von-fall.de).* G6

# TEGERNSEE

(H6) **Wenn du von der Einfallstraße aus München das erste Mal hinabfährst, wirst du verstehen, warum die Tegernseer ihr Tal so lieben: Es ist einfach perfekt. See und Berg, Stadt und Land, Action und Ruhe, Tradition und Moderne.**

Dieses Idyll erlebte mehrere Phasen der Besiedelung: von den Huosi-Adeligen, die 746 das Kloster gründeten, über die Wittelsbacher, die es 1803 in ihr Schloss umwandelten, bis zu Schriftstellern wie Ludwig Thoma, die in der ersten Hälfte des 20. Jhs. am See dichteten und jagten. Mit den 1970er-Jahren geriet der See ins Blickfeld der Münchner Schickeria. Heute ist er ein Ziel für Reiche, Gourmets und Hipster.

## ORTE AM TEGERNSEE

### 9 GMUND

Der Ort am Nordufer wirkt unprätentiös und ländlich. Derlei Bodenständigkeit schätzte der ehemalige Bundeskanzler Ludwig Erhard, der in Gmund lebte und auf dem Bergfriedhof seine letzte Ruhe fand. Ein schöner Spazierweg am See führt zum Denkmal von Thomas Mann „Herr und Hund".

### 10 BAD WIESSEE

Bekannt war der Ort lange durch sein Kasino. Was die wenigsten wissen: Im 15. Jh. wurde eine Erdölquelle im See entdeckt und im 19. Jh. ausgebeutet, bis sie sich als nicht mehr rentabel erwies. Nebenbei traf man bei Bohrungen auf Jodschwefelquellen, die Wiessee 1922 zum Titel „Kurbad" verhalfen.

### 11 ROTTACH-EGERN

Spricht man vom Tegernsee, meint man oft diese Gemeinde am Südende. Landhotels, Seepromenade und immer mehr Gourmetrestaurants mischen sich zu einem Ort, der 1955 schon hip war: Gertraud Gruber eröffnete hier die erste Schönheitsfarm Europas.

### 12 TEGERNSEE (ORT)

Wie wird man Kult? Ganz einfach, man füllt sein Bier in Miniflaschen (0,33 l) ab. Dem Herzoglich Bayerischen Brauhaus Tegernsee ist dieser Coup gelungen und das *Bräustüberl* im ehemaligen *Kloster* – einem späteren Wittelsbacher Schloss – ist seitdem hoch frequentiert. Das *Museum Tegernseer Tal (Mitte Mai–Okt. Fr/Sa 10–13, So 13–16 Uhr | Eintritt 5 Euro | Seestr. 17 | museumtegernseertal.de)* beleuchtet die Geschichte. Im Kurgarten liegt das *Olaf-Gulbransson-Museum (Di–So 10–17 Uhr | Eintritt 7 Euro | Kurgarten 5 | olaf-gulbransson-museum.de),* das den norwegischen Karikaturisten des „Simplicissimus" ehrt, der bis 1958 am Tegernsee lebte.

Ein Muss ist die Ruderbootfähre *(2,60 Euro)* von der Halbinsel Point nach Rottach-Egern. Seit 500 Jahren schlägt man einfach die Glocke, wenn man übersetzen möchte. Und wartet ...

## ESSEN & TRINKEN

### HERZOGLICHES BRÄUSTÜBERL

Eines der schönsten Wirtshäuser der Region, im Hintergrund Kirche und Schloss, davor der See, auf dem Tisch ein Bauernpresssack und eine Tegernseer Weiße. Prost! Das Bräustüberl hat einen eignen Heißluftballon, der bei gutem Wetter morgens und abends startet. Tickets im Stüberl-Shop für 225 Euro. *Tgl. ab 10 Uhr | Schlossplatz 1 | Tegernsee | Tel. 08022 41 41 | braustuberl.de | €€*

INSIDER-TIPP
In den Himmel hinauf

### ARAN

Mehr als ein Café: Das Aran mit den weltbesten belegten Broten und tollen Kaffeespezialitäten hat auch einen der schönsten Blicke auf den See. *Di geschl. | Seestr. 8 | Tegernsee | Tel. 08022 6 63 47 00 | aran.coop*

### ÜBERFAHRT

Als einziger Koch Bayerns darf Christian Jürgens seit 2013 drei Michelinsterne führen. Seine Speisen sind extravagant, teilweise umstritten. Das Restaurant ist meistens auf drei Monate ausgebucht. *Mo/Di geschl., Fr–So auch mittags | Überfahrtstr. 10 | Rottach | Tel. 08022 6 69 29 22 | althoffcollection.com | €€€*

### ALTES WALLBERGHAUS

Auf 1512 m speist du bei bester Bergluft. Die *Wallbergbahn (einfache Fahrt*

Mit lokalem Käse aus der Naturkäserei Tegernseer Land schmeckt die Brotzeit doppelt so gut

*11,50 Euro | wallbergbahn.de)* bringt dich nach oben. Oder du wanderst gut 2,5 Std. hinauf. Egal ob Bratkartoffeln mit Ei, Flammkuchen oder Kaiserschmarrn – du solltest dich stärken, ehe es hinab geht.

INSIDER-TIPP
**Eiskalter Ritt**

Mit dem Rodel kannst du im Winter über 6,5 km Naturwanderweg ins Tal düsen. Schlitten auf Anfrage vor Ort. *Mi–So 10–16 Uhr | Wallberg 2 | Rottach | Tel. 08022 7 05 69 79 | wallberg-haus.de | €€*

## SHOPPEN

### BÜTTENPAPIERFABRIK GMUND

Seit 1829 entsteht hier feinstes Papier, seit 2006 wird nachhaltig und zu 75 Prozent mittels Ökostrom produziert sowie das Brauchwasser mit Ozon aufbereitet. In der *Papierwelt* findest du auch preisreduzierte Papierraritäten. Jeden ersten und dritten Freitag im Monat gibt es eine Führung durch die Fabrik *(15 Euro). Mangfallstr. 5 | Gmund | gmund.com*

### KAFFEERÖSTEREI TEGERNSEE

Mario Liebhold hat zu jeder Röstung eine Geschichte. Er gilt als einer der besten Kaffeeexperten Bayerns. *Di–Sa 8.30–17 Uhr | Tegernseer Str. 101 | Weissach | tegernseer-kaffeeroesterei.de*

### NATURKÄSEREI TEGERNSEER LAND

Bayern aufs Brot: Die Käsesorten werden aus Heumilch gemacht, vor Ort kannst du sie probieren und auch die Käserei besichtigen *(10,50 Euro | nur mit Anmeldung unter Tel. 0160*

1 50 11 05). *Tgl. 9–18 Uhr | Reißenbichweg 1 | Kreuth | naturkaeserei.de*

## SPORT & SPASS

### GOLF

Der schöne *Tegernsee Golf-Club (Rohbognerhof | Bad Wiessee | Tel. 08022 27 11 30 | tegernseer-golf-club.de)* mit Blick auf die Berge lässt Golferherzen höher schlagen.

### SAILINGCENTER

Ob SUP, Kanu, Segelboot, Katamaran oder Surfboot – alles, was auf dem Wasser schwimmt gibt es hier, inklusive Kurse. *Adrian-Stoop-Str. 50 | Bad Wiessee | Tel. 08022 1 88 41 26 | sailingcenter.de*

### WANDERN

Eine beliebte, leichte Wanderung führt von Bad Wiessee auf den *Fockenstein* (1564 m). Startpunkt ist der Waldparkplatz am Gasthof Sonnenbichl. Für die 725 Höhenmeter mit Pause auf der *Aueralm* rechnest du 4 Std. Der Klassiker am Tegernsee ist der 1-Std.-Aufstieg zur *Neureuther Hütte (Mo geschl. | Küche bis 14, So bis 21 Uhr | Tel. 08022 44 08 | neureuth.com | €)*, von der du einen Traumblick übers Tal hast.

## WELLNESS

### SEESAUNA TEGERNSEE

Sechs Saunen, eine Ruhewiese am See und das *Saunaschiff* sorgen für textilfreie Rundumentspannung; daneben liegt das schicke Strandbad mit Café. *Tgl. ab 10 Uhr | ab 18 Euro, Strandbad ab 2,50 Euro | Hauptstr. 63 | Tegernsee | Tel. 08022 1 87 47 70 | monte-mare.de*

### MIZU ONSEN SPA

Nach einem Tag im japanischen Mizu Onsen Spa des Hotels *Bachmair Weissach* bist du wie neu. Detox nach japanischer Tradition steht auf dem Menü. *Tagesticket So–Fr 75 Euro | Wiesseer Str. 1 | Weissach | Tel. 08022 2 78 44 0 | bachmair-weissach.com*

### FÄHRHÜTTE 14

Der schöne Beachclub liegt am Ende einer Landstraße, fernab von aller Hektik. Die Sonnenliegen kannst du jeweils ab Sonntagabend für die kommende Woche online buchen – in der Sommersaison empfehlenswert! *Do–So 11–18 Uhr 50 Euro inkl. Handtuch & 25 Euro Verzehrgutschein | Weißachdamm 50 | Rottach | Tel. 08022 18 82 20 | althoffcollection.com*

INSIDER-TIPP
**Ein Platz in der ersten Reihe**

## AUSGEHEN & FEIERN

### WUIDARA-BAR

Wer abends zum Leerberghof spaziert, erblickt den Tegernsee im romantischen Licht. An der Bar erwarten euch Cocktails. *Di–So bis 1 Uhr | Ellinger Str. 10 | Tegernsee | leeberghof.de*

### BAR K1411

Die Bavarian Beach Bar vom Münchner Feinkostguru Michi Käfer ist perfekt für den ersten Drink des Tages. Im Sommer legen DJs auf. *Tgl. bis 20 Uhr,*

Reichlich herausgeputzt – so präsentiert sich der Hauptort Tegernsee am liebsten

*bei Regen geschl. | Kaltenbrunn 1 | Gmund | Tel. 08022 7056095 | feinkost-kaefer.de*

# RUND UM DEN TEGERNSEE

### 13 WILDBAD KREUTH

*13 km/20 min von Tegernsee (Auto)*

Das früher als Kurort geschätzte Wildbad Kreuth liegt am Fuß der Blauberge. Jedes Jahr treffen sich am 6. Januar die CSU-Größen zur Klausur in der Hanns-Seidel-Stiftung.

Am Wildbad startet eine schöne Wanderung zur *Weißachalm (ca. 1 Std. | Mo/Di geschl. | Tel. 08029335)*. Der Entenbraten mit Knödel ist legendär. Eine zweistündige Wanderung führt zur *Tegernseer Hütte (So geschl. | tegernseerhuette.de)*, die spektakulär auf den Felsen zwischen Roß- und Buchstein schwebt. Startpunkt ist der Parkplatz Bayerwald. *H7*

# SCHLIERSEE

*(H6)* **Der Schliersee, kleiner Bruder des Tegernsees, ist bei Weitem der ursprünglichere, wenngleich auch hier Hotels und Ferienwohnungen die Ufer säumen.**

Trotzdem ist an dem vom markanten Brecherspitz (1683 m) beherrschten

See eine bäuerliche Herbheit zu spüren, die dem Tegernsee verloren gegangen ist.

## ORTE AM SCHLIERSEE

### 14 SCHLIERSEE (ORT)

Der Ort im Norden des Sees ist mit seinen zwei Kirchen *Sankt Sixtus* und *Sankt Martin* noch authentisch bayerisch und etwas verschlafen. Auf dem Friedhof Sankt Martin fand der berüchtigte Wilderer Georg Jennerwein seine Ruhe. Mehr Action gibt es im *Parkstrandbad Schliersee (bei schönem Wetter 10–22 Uhr | 5 Euro | Seestr. 29 a | strandbad-schliersee.de).*

### 15 MARKUS WASMEIER FREILICHTMUSEUM

Ein eigenes Dorf hat sich der Ex-Skirennläufer und Olympiasieger Markus Wasmeier geschaffen: Schafe und Wollsäue lassen sich's auf der Weide gut gehen, ein Schmied zeigt seine Kunst, im Wirtshaus gibt's zünftige Schmankerln.

INSIDER-TIPP
**Doppelter Spaß**

Das Kombiticket für das *Wasmeier-Museum* und die *Slyrs-Destille* kostet 14,90 statt 18,80 für beide Führungen getrennt. *April–Nov. Di–So 10–17 Uhr | Eintritt 8,90 Euro | Brunnbichl 5 | wasmeier.de*

## ESSEN & TRINKEN

### SCHNAPPERWIRT

Gemütliche Wirtschaft, gutes bayerisches Essen, netter Biergarten. *Mo/Di geschl. | Neuhauser Str. 17 | Schliersee | Tel. 08026 66 13 | schnapperwirt.de | €€*

### CAFÉ MILCHHÄUSL

Beste Strudel, Germknödel oder Dampfnudeln mit Vanillesoße gibt es in dem alten Bauernhaus direkt am See. *Tgl. 10–18 Uhr | Kurweg 4 | Tel. 08026 46 76 | milchhaeusl-schliersee.de | €*

## SHOPPEN

### WHISKYBRENNEREI SLYRS ☂

Auf 1500 m Höhe reift die „Mountain Edition" im Fass. Die Brennerei Slyrs (alter Name für Schliersee) hat Kultstatus bis nach München. Ein Frühstück im *Café (tgl. 9–17 Uhr)* sorgt für die perfekte Unterlage vor der Verkostung. *Führungen tgl. 10–18 Uhr | Bayrischzeller Str. 13 | slyrs.com*

Der Schliersee ist der kleinere, aber ursprünglichere Bruder des Tegernsees

## SPORT & SPASS

### STAND-UP-PADDLING (SUP)

Auch auf dem Schliersee wird der Trendsport für fitte Bauchmuskeln inzwischen ausgiebig gepflegt. Bei *Watersport Schliersee (Neuhauser Str. 1f | Tel. 08026 60 69 15 | watersport-schliersee.de)* etwa kannst du dir Boards ab 20 Euro pro Stunde ausleihen.

### MONDSCHEINRODELN

Wintergaudi! Bei der *Oberen Firstalm (Dez.–März tgl. bis 22.30 Uhr | Leihgebühr 5 Euro | mondscheinrodeln.de)* kannst du dir Rodel leihen und damit 2,5 km bergab rasen. Selbst Kinder schaffen die Abfahrt gut. Zur Firstalm wanderst du vom Parkplatz Spitzingsattel ca. 40 Min.

## AUSGEHEN & FEIERN

### SCHLIERSEER BAUERNTHEATER

Es zählt zu den bekanntesten Bühnen Oberbayerns und ist über 100 Jahre alt. *Seestr. 4 | Tel. 08026 21 10 | schlierseer-bauerntheater.de*

# RUND UM DEN SCHLIERSEE

### 16 SPITZINGSEE

*10 km/15 min von Schliersee (Auto)*

Der Alpensee schließt an den Spitzingsattel an und liegt auf 1084 m Höhe. Die *Alpenbahnen (Spitzingstr. 12 | Schliersee-Spitzingsee | alpenbahnen-spitzingsee.de)* bringen Passagiere zu *Stümpfling* (1506 m), *Roßkopf*

(1580 m) und *Taubenstein* (1693 m). Von dort starten Wanderwege ins *Mangfallgebirge*. Downhillspaß sind die *Mountaincarts (9,50 Euro | alpenbahnen-spitzingsee.de)*, rasante Dreiräder, mit denen es ins Tal geht. Altbayerische Spezialitäten genießt du in der *Alten Wurzhütte (Roßkopfweg 1 | Tel. 08026 6068201 | alte-wurzhuette.de | €–€€)*. 🕮 H7

# WENDEL-STEINGEBIET

(🕮 J6–7) **Schnür die Wanderschuh'! Der Wendelstein (1838 m) trennt das Tegernseer- vom Inntal und zählt zu den am besten erschlossenen Gipfeln der Bayerischen Alpen.**

## ORTE IM WENDELSTEIN

### 17 BAYRISCHZELL

Der 1500-Seelen-Ort schart sich um die barocke *Pfarrkirche Sankt Margareth* und die *Königslinde* im Zentrum. Der über 150 Jahre alte Baum wurde zu Ehren von König Max II. gepflanzt, der 1858 den Wendelstein bestieg. Der Ort dient als Ausgangspunkt für Wandertouren auf den Wendelstein.

### 18 WENDELSTEIN ⚑

Wie es dir gefällt: Mit der Seilbahn ab *Bayrischzell* (7 Min.), mit der Zahnradbahn ab *Brannenburg* (30 Min.) oder klassisch zu Fuß auf dem *König-Maximilian-Weg (3 Std.)*? Alle Wege führen auf den Wendelstein, dessen mit Observatorium und Antennen gespickter Gipfel erst einmal jedes Bergidyll vergessen lässt. Doch spätestens am ★ *Gacher Blick*, wenige Meter vom *Wendelsteinhaus* entfernt, ist die Bergwelt wieder in Ordnung, denn das Panorama umfasst eine grandiose Gipfelansammlung vom Wilden Kaiser bis zur Zugspitze. Nahe liegt auch das *Wendelsteinkircherl*, wo sich Schwindelfreie trauen lassen können. Nach der Weite geht's in die Tiefe, in die *Wendelsteinhöhle (Mai–Nov. je nach Witterung | Eintritt 2 Euro, passend zahlen!)*, durch die ein 1,5-stündiger Rundweg führt. Deutschlands höchstgelegene Schauhöhle ist uralt und muss bereits vor Auffaltung der Alpen entstanden sein.

### 19 HEILIG-KREUZ-KIRCHE ★

In Berbling verbirgt sich diese wenig bekannte Rokokokirche, errichtet 1751–56 unter Aufsicht des Baumeisters Philipp Millauer, der ähnlich wie die Brüder Zimmermann bei der Wieskirche ein neues, dem Barock entsprechendes Gotteshaus konzipierte. Nicht weit entfernt liegt das Moorheilbad *Bad Feilnbach*, umgeben von Streuobstwiesen.

## ESSEN & TRINKEN

### GASTHOF PFEIFFENTHALER

Der blumengeschmückte Gasthof mit Biergarten ist ein Hingucker, genau wie Gemüselasagne, Matjes oder Wiener Rostbraten. *Mo/Di geschl. | Kufsteiner Str. 10 | Bad Feilnbach | Tel. 08066 202 | pfeiffenthaler.de | €€*

Wer schnell hinaufwill, erreicht den Gipfel mit der Wendelstein-Seilbahn in sieben Minuten

## SPORT & SPASS

### SUDELFELD

32 Pistenkilometer von einfach bis mittel locken Familien und Skineulinge her. Geübte trainieren Stunts auf der Freeridecross-Strecke. *Tagespass ab 37 Euro | Bayrischzell | sudelfeld.de*

### WENDELSTEIN-BERGBAHNEN

Der Wendelstein ist ein kleines, sehr anspruchsvolles Skigebiet mit mehreren schwarzen Abfahrten, also nichts für Anfänger. Unten im Tal erwartet Langläufer um Bayrischzell ein *Loipennetz* von knapp 100 km. Zahnradbahn (ab Brannenburg) und Seilbahn (ab Bayrischzell) verkehren im Sommer und Winter. Über die saisonal bedingten Abfahrtszeiten informiert die *Wendelsteinbahn (Berg- und Talfahrt Seilbahn ab 25 Euro, Zahnradbahn ab 37 Euro | wendelsteinbahn.de)*

## SCHÖNER SCHLAFEN AM TEGERNSEE & DRUMHERUM

### AUFM BERG

Am schönsten wird's, wenn die Ausflügler weg sind. Dann hast du die *Schliersbergalm (30 Zi. | Dekan-Maier-Weg 8 | Schliersee | Tel. 08026 67 22 | schliersbergalm.de | €)* samt Pool ganz für dich allein. Sonnenuntergang-Romantik auf 1061 m.

### ALPENFLAIR & THAI-ENTSPANNUNG

Das junge Hotel *Bussi Baby (42 Zi. | Sanktjohanserstr. 46 | Bad Wiessee | Tel. 08022 86 70 | bussibaby.com | €€)* am Tegernsee ist cool und kuschelig. Kissen und Vorhänge sind aus alten Dirndlstoffen genäht, Zirbenholz sorgt für gutes Klima.

# CHIEMGAU & BERCHTES-GADENER LAND

## ALMEN, PALMEN & EIN BAYERISCHES MEER

Das Chiemseegebiet zu Füßen der mächtigen Alpen ist eine Bilderbuchlandschaft mit schneebedeckten Gipfeln, Kühen auf Almwiesen und Booten auf dem Tiefblau von Bayerns größtem See. Seine 80 km² sind Szeneort für alle Wassersportfans. Die Kurregion Berchtesgaden hat sich zum Ausgangspunkt für Bergsportler aller Art entwickelt. Beschaulich sind die Städte mit Rosengärten und Palmenplantagen, wild wird's in den Flussbetten und an den zackigen Wänden von Watzmann und Untersberg.

Winklmoosalm: im Winter ein Skimekka, im Sommer einfach nur herrlich ... almig

Tradition ist hier quicklebendig. Surferboys und Benediktinernonnen mischen sich auf der Fraueninsel, in den Gasthäusern gibt es Räucherfisch, Fine Cuisine und Brotzeit. Canyoning, Skitouren, Klettersteige und Panoramawanderungen zu Bergseen locken um Berchtesgaden. Gut, dass es genug urige Almhütten gibt, auf denen die Wadln entspannen können – am besten bei Kaiserschmarrn. Murmeltiere gibt es hier, Falken und Adler sowie Enzian und Alpenveilchen. Die Natur ist am äußersten Ende Deutschlands noch ziemlich intakt.

# CHIEMGAU & BERCHTESGADENER LAND

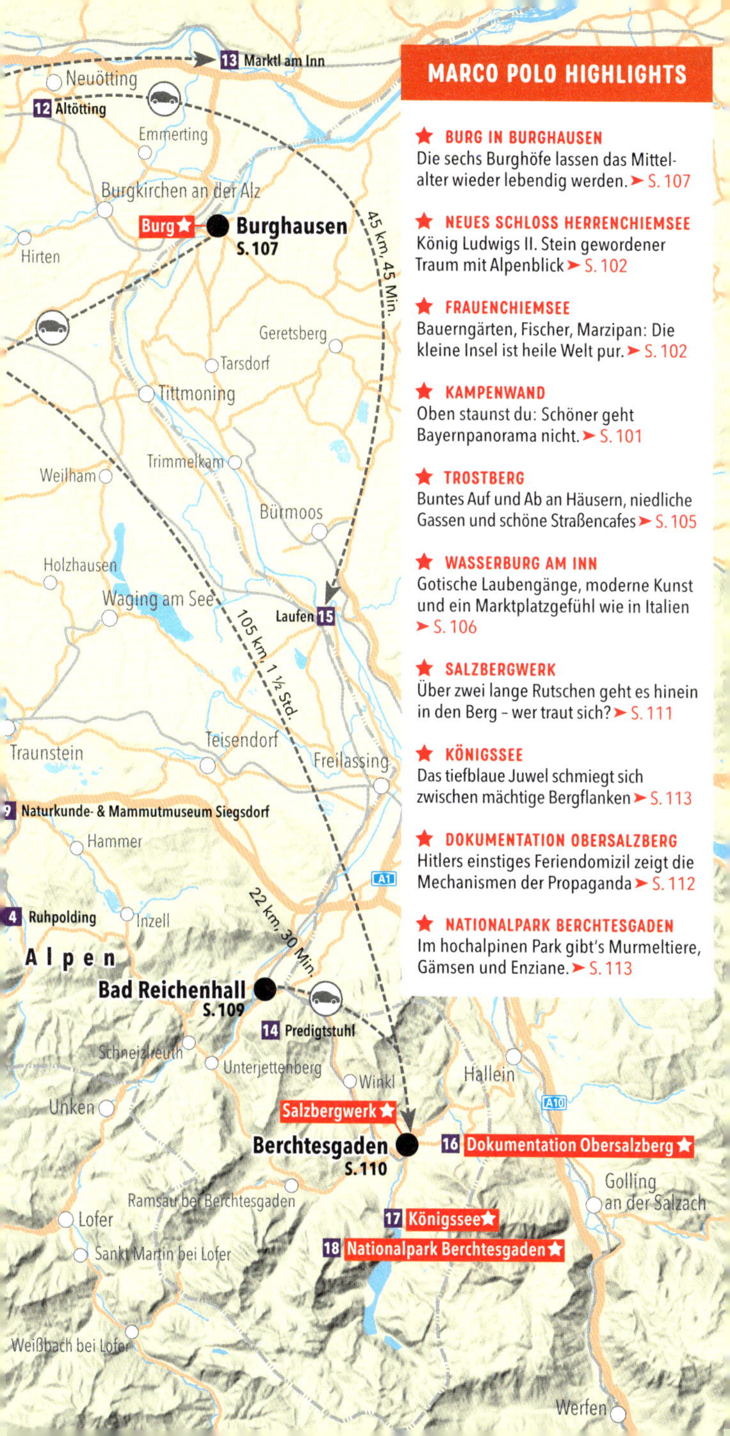


## MARCO POLO HIGHLIGHTS

★ **BURG IN BURGHAUSEN**
Die sechs Burghöfe lassen das Mittelalter wieder lebendig werden. ➤ S. 107

★ **NEUES SCHLOSS HERRENCHIEMSEE**
König Ludwigs II. Stein gewordener Traum mit Alpenblick ➤ S. 102

★ **FRAUENCHIEMSEE**
Bauerngärten, Fischer, Marzipan: Die kleine Insel ist heile Welt pur. ➤ S. 102

★ **KAMPENWAND**
Oben staunst du: Schöner geht Bayernpanorama nicht. ➤ S. 101

★ **TROSTBERG**
Buntes Auf und Ab an Häusern, niedliche Gassen und schöne Straßencafes ➤ S. 105

★ **WASSERBURG AM INN**
Gotische Laubengänge, moderne Kunst und ein Marktplatzgefühl wie in Italien ➤ S. 106

★ **SALZBERGWERK**
Über zwei lange Rutschen geht es hinein in den Berg – wer traut sich? ➤ S. 111

★ **KÖNIGSSEE**
Das tiefblaue Juwel schmiegt sich zwischen mächtige Bergflanken ➤ S. 113

★ **DOKUMENTATION OBERSALZBERG**
Hitlers einstiges Feriendomizil zeigt die Mechanismen der Propaganda ➤ S. 112

★ **NATIONALPARK BERCHTESGADEN**
Im hochalpinen Park gibt's Murmeltiere, Gämsen und Enziane. ➤ S. 113

Standhaft: Rosenheims Mittertor ist der letzte verbliebene Teil der Stadtbefestigung

Der Nationalpark Berchtesgaden gibt dir mit unendlich vielen Bergwegen einen guten Eindruck von den imposanten Alpen. Sport und Entspannung liegen hier nahe beieinander. Neben einem großen Wellnessangebot solltest du die Salzgrotten ausprobieren, die typisch für die Region sind. Sie wirken heilsam, auf der Haut, und helfen sogar gegen Stress.

In Sachen Abwechslung steht der Chiemsee nicht zurück: Museen locken mit Kunst, geschützte Moore zu Wanderungen, der See zu SUP-Boarden, Segeln, Baden oder Nichtstun – wobei letzteres in diesem Eck voller Gegensätze, Natur und Sportangeboten schwer fällt. Kirchen mit viel Gold und Stuck haben hier Charakter, Biergärten mit eigener Hausbrauerei etwas Heimeliges. Ausführliche Infos zu dieser Region findest du im MARCO POLO „Chiemgau/Berchtesgadener Land".

# ROSENHEIM

*(▯ J6)* **Rosenheim ist in den vergangenen Jahren zu einer boomenden Kleinstadt (63 000 Ew.) geworden. Geschichte mischt sich mit Nachtleben und Freizeitaction.**

## SIGHTSEEING

### MAX-JOSEFS-PLATZ

Trotz mehrerer Stadtbrände sind um den ehemaligen Markt noch Häuser im Inn-Salzach-Stil mit hohen Giebeln erhalten. Das *Mittertor* aus dem 14. Jh. am angrenzenden *Ludwigsplatz* ist der einzig verbliebene Rest der Stadtbefestigung.

## ESSEN & TRINKEN

### ZUM STOCKHAMMER

Der Schweinsbraten ist resch und preiswert, die Küche zünftig. Im Sommer bietet der Biergarten ausreichend Schatten. *Tgl., So nur bis 17 Uhr | Max-Josefs-Platz 13 | Tel. 08031 4 09 99 71 | gasthaus-stockhammer.de | €€*

### DAS FÄRBER

Ein Deli wie ein Wohnzimmer. Schnell steht man hinter dem Tresen, weil's so eng ist. *So geschl. | Färberstr. 4 | Tel. 08031 8 87 30 94 | dasfaerber.de | €€*

**RIZZ**
Lauschiger Innenhof: Bei der italienischen Bistroküche findet jeder was. *Mo–Fr 11.30–15 Uhr, 18–22 Uhr, Sa/So ab 18 Uhr | Weinstr. 12 | Tel. 08031 23 17 31 | rizz-eat-drink.de | €€*

## SHOPPEN

**ALTES ROMANICUM**
Fashion meets Food: Zwei Rosenheimer haben sich zusammengetan. *Kaffee Dinzler* bietet Röstungen und Pralinen an, das Label *Lieblingsstück* verkauft Kleidung. *Hochstr. 2 | Raubling | lieblingsstueck.com, dinzler.de*

## SPORT & SPASS

**STUNTWERK**
Erwecke den Ninja in dir! Den Sport aus der TV-Show kannst du in der Halle selbst ausprobieren. Auch Bouldern oder Parcourlauf ist im Angebot – auch für Kids! *Kellerstr. 74 | stuntwerk.de*

## AUSGEHEN & FEIERN

**LAUSA BAR**
Die besten Drinks der Stadt: Das Team experimentiert mit Kräutern, Aroma-Rauch und Marshmallows. *Do–Sa ab 20 Uhr | Kaiserstr. 5 | lausa.bar*

**LIBELLA**
Im Örtchen Altenmarkt feierten schon die Toten Hosen und DJ Hell in einer alten Villa. Der Nachtbus fährt am Wochenende bis vier Uhr in der Früh nach Traunstein oder Trostberg. *Fr/Sa ab 22 Uhr | Trostberger Str. 6 | cafe-libella.de*

INSIDER-TIPP
**Morgengrauen-Shuttle**

# RUND UM ROSENHEIM

**1 SAMERBERG**
*17 km/25 min von Rosenheim (Auto)*
Das Hochtal am Fuß des *Hochries* (1569 m) setzt auf Natur: Wanderer und Mountainbiker schätzen die leichten bis mittelschweren Pfade. Hinauf geht es auch mit der *Seilbahn (April–Okt. tgl. 10–17 Uhr | einfache Fahrt 15 Euro | hochriesbahn.de)*. Der *Bike Park (bikepark-samerberg.de)* strotzt vor Abenteuerpisten. In den alten Bauernhäusern von *Törwang, Roßholzen* und *Grainbach* scheint die Zeit langsamer zu vergehen. Spring zur Abkühlung ins *Naturschwimmbad (Eintritt frei | an der Straße von Törwang nach Grainbach)* und schau im *Gasthof Alpenrose (Mo/Di geschl. | Kirchplatz 2 | Grainbach | Tel. 08032 82 63 | alpenrose-samerberg.de | €€)* auf einen Lavendel-Cocktail vorbei. *J6*

# CHIEMGAUER ALPEN

*(K–L6)* **Nicht etwa schroffer Fels, sondern gemütliche Gipfel von bis zu 1961 m Höhe (Sonntagshorn) zeichnen die Gebirgsregion zwischen Inn und Salzach aus.**

Die *Chiemgauer Alpen* sind ein herrliches Sommer- und Winterwanderrevier mit Aussicht: Nach Norden liegt dir das Voralpenland samt Chiemsee zu Füßen, nach Süden erblickst du die Zentralalpen mit dem Großglockner.

## ORTE IN DEN CHIEMGAUER ALPEN

### 2 ASCHAU

Über das hübsche Dorf (5700 Ew.) im Schatten der mächtigen Kampenwand (1669 m) wacht von seinem Bergfried aus das im 12. Jh. erbaute *Schloss Hohenaschau*. In der Burg verbirgt sich ein prächtiger *Laubensaal (Führungen Juni–Okt. Di, Do, So 13.30, 15 Uhr, Mi, Fr, 10, 11.30 Uhr | Eintritt 5 Euro)*. Mit den Segways düst du durchs Priental bei einer einmaligen *Crosstour (Mitte April–Ende Nov. Mi–Mo, | 79 Euro | Tel. 0176 60 38 77 31 | segway-am-chiemsee.de)*. Am Ende badest du im Wasserfall.

### 3 REIT IM WINKL

Der Wintersportort (2300 Ew.) liegt tatsächlich „im Winkl": Er ist an drei Seiten von Bergen umgeben, die für Wolkenstau und Schneefälle sorgen. Die *Winkelmoosalm* ist ein beliebtes Skigebiet. Der Gipfel der Winklmoosalm gilt als nahezu lichtfrei. Jeden Mittwoch gibt es *Nachtwanderungen mit Sternenkunde (Anmeldung: Tel. 0174 3 04 90 99)*.

INSIDER-TIPP
Schöner Sternegucken

### 4 RUHPOLDING

Ruhpolding (6300 Ew.) ist ein „Schneeloch" – und nicht umsonst

Geschafft! Vom Gipfel der Kampenwand aus weiß man gar nicht, wo zuerst hinschauen

Austragungsort von Biathlonwettbewerben. Spannend ist der Besuch im *Holzknechtmuseum (Osterferien, Mitte Juli–Mitte Sept. tgl. 10–17, Mai–Mitte Juli, Mitte Sept.–Okt. Mo geschl. | Eintritt 4, Kindern 2 Euro | Laubau 12 | holzknechtmuseum.com)*. Vom nahen Egg aus führt ein rund dreistündiger Aufstieg zum *Hochfelln* (1671 m), einem der schönsten Aussichtspunkte im Chiemgau.

## ESSEN & TRINKEN

### CAFÉ CHIEMGAU

Seine Butternudeln macht Wolfgang Heigermoser nur nach Vorbestellung. Sie schmecken mit Kompott, Vanillesauce oder Sauerkraut. *Tgl. 8–18.30 Uhr | Hauptstr. 59 | Ruhpolding | Tel. 08663 1846 | café-chiemgau.de | €*

### RESIDENZ HEINZ WINKLER

Als einer der besten Köche Deutschlands gilt Heinz Winkler, der in seiner Residenz eine moderne Sterneküche auftischt. *Nur abends, Sa/So auch mittags | Kirchplatz 1 | Aschau | Tel. 08052 17990 | residenz-heinz-winkler.de | €€€*

### LANDHOTEL BINDERHÄUSL

Exzellente bayerische, vegetarische und asiatische Menüs serviert das Ehepaar Keller.

INSIDER-TIPP
**Frisches am Spieß**

Die *Yakitoris*, also Fisch und Fleisch am Spieß, sind eine Spezialität aus Japan, die du dir nicht entgehen lassen solltest. *Bichlstr. 43 | Inzell | Tel. 08665 461 | familie-keller.de | €€€*

## SHOPPEN

### PRIENTALER BERGBAUERNLADEN

Honig, Käse und Räucherfisch aus der Region findest du hier. *Fr 9–16 Uhr | Hans-Clarin-Platz 3 | Aschau | prientaler-bergbauernladen.de*

## SPORT & SPASS

### WANDERN

Auf die markante ★ *Kampenwand* führt eine *Seilbahn (Mai–Nov. tgl. 9–17, Juli–Mitte Sept. bis 18, Winter bis 16.30 Uhr | Berg- und Talfahrt 21 Euro | Tel. 08052 4490644 | kampenwand.de)* von Aschau aus. Trittsichere Wanderer können von der Bergstation über die *Steinlingsalm* auf dem Grat wandern, einige Passagen sind mit Drahtseilen gesichert *(hin und zurück rund 2 Std.)*.

## SKILANGLAUF

In Reit im Winkl gibt es rund 49 km klassische Loipen. Kurse bietet die *Skischule Reit im Winkl (Start Mo, Do, Sa | 75 Euro | Dorfstr. 38 a | Tel. 08640 8358 | skischule-reitimwinkl.de}* an. Beim Biathlon für Jedermann können Anfänger sich mittwochs und freitags ausprobieren.

# CHIEMSEE

*(K5–6)* **Der ideale Tag am Chiemsee? Eigentlich jeder Tag. Bei Föhn ist der Himmel besonders klar und**

**lässt die Boote über den See tanzen. Bei Regen ziehen Nebelschwaden übers Wasser und man hat die Inseln Frauen- und Herrenchiemsee fast für sich.**
Hinüber kommst du mit den Dampfern der *Chiemseeschifffahrt (chiemsee-schifffahrt.de)* oder du mietest ein Elektroboot, um den See zu erkunden.

## ORTE AM CHIEMSEE

### 5 FRAUENCHIEMSEE ★

Die 150 000 m² große Insel ist die zweitgrößte der drei Eilande im Chiemsee; als einzige ist sie ständig bewohnt (230 Ew.). Holzhäuser umrankt von Blumen drängen sich rund ums *Kloster Frauenwörth* aus dem 8. Jh. In der karolingischen, 860 gebauten *Torhalle* bilden frühmittelalterliche Freskenreste den stilvollen Rahmen für frühchristliche Exponate. Im *Klosterladen (April–Sept. Mo–Sa 11–17.45, So 13–17, Winter bis 17.15 Uhr)* kaufst du klostereigenes Marzipan. In 30 Minuten hast du die Insel umrundet. Iss eine Aalsemmel von *Fischer Lex (chiemseefischerei-lex.de)*, trink einen Apero bei *Toffenetti* oder schau in die *Töpferei Klampfleuthner (inseltoepferei.de)*. Der letzte Dampfer geht um 21.10 Uhr. ⏲ *3h*

### 6 NEUES SCHLOSS HERRENCHIEMSEE ★

Imposanter als Versailles, schöner als Neuschwanstein: Die Dreiflügelanlage mitten im Chiemsee sollte alle Schlösser übertreffen. Doch König Ludwig II. starb vor der Fertigstellung seines Neu-Versailles auf der 238 ha großen Herreninsel. Außer dem Paradeschlafzimmer sind das Treppenhaus, das Kleine Apartment im Rokokostil sowie die Spiegelgalerie zu besichtigen, die in ihrer Größe das Original von Versailles übertrumpft. Diener brauchten Stunden, die über 2000 Kerzen zu entzünden. Neben den Schlossgeistern hausen Fledermäuse auf der Insel. Zwischen Mai und August gibt es Abendführungen zu den Nestern am Ufer. *April–Ende Okt. tgl. 9–18, Winter 9.40–16.15 Uhr | Eintritt 9 Euro | herrenchiemsee.de |* ⏲ *2h*

**INSIDER-TIPP**
**Servus, Graf Dracula!**

### 7 PRIEN

Prien (10 700 Ew.) ist dank seines Hafens am See ein lebhaftes Städtchen. Der Besuch im *Heimatmuseum (April–Okt. Di–So 14–17 Uhr | Eintritt 2 Euro | Valdagno-Platz 1)* zeichnet die Geschichte nach. Schön ist die *Kirche Mariä Himmelfahrt* mit dem Deckengemälde über die Seeschlacht von Lepanto. Direkt vor der Kirche steht eine Kapelle, in der sich eine aus Stein gehauene Lourdes-Grotte befindet. Romantische Besinnung mit Kühlungseffekt. Zum 2 km entfernten Hafen rumpelt *seit 1887* eine *Dampfstraßenbahn (Mai–Sept. Sa/So stdl. 10.15–18.15 Uhr | Fahrkarte 4 oder mit Kombikarte Schiff 11,50 Euro)*.

### 8 URSCHALLING

Erst Beten, dann Bier: Im *Kirchlein Sankt Jakobus* sind die Fresken zu bewahren: eine bunte Heilsgeschichte, bäuerlich und ungemein lebendig. In der *Mesner Stub'n (Di geschl. | Tel.*

Frauenchiemsee: Die Eulen aus der Inseltöpferei trägt man heim und nicht nach Athen

*08051 3971 | mesnerstubn.de | €)* nebenan geht es ebenso quirlig zu. Die Qualität der Essigknödel hat sich bis nach München rumgesprochen.

## ESSEN & TRINKEN

### CHIEMSEEFISCHER

Mit seiner frischen Küche ist der modern umgekrempelte Traditionsgasthof sehr zu empfehlen. Fisch und gute Wildspezialitäten. *Mo geschl. | Hagenau 2 | Grabenstätt | Tel. 08661 982658 | hotel-chiemseefischer.de | €€*

### FISCHHÜTTE REITER

Gut versteckt ist der Biergarten, in dem es den besten Steckerlfisch weit und breit gibt. *Bei schönem Wetter Di–So ab 11.30 Uhr | Forellenweg 29 | Prien | Tel. 08051 4139 | €*

### CAFÉ NOVA

Im Zentrum die beste Frühstücksadresse mit Granola, Smoothies und Cheesecake. Die salzigen Brezn-Croissants mit Nutella, Lachs oder Brie sind ein Gaumenkick. Probieren und verlieben! *Di–Sa 9.30–16.30 Uhr | Seestr. 8 | Tel. 08051 9624808 | cafenova.de | €*

## SHOPPEN

### THREE MONKEYS

Der Concept Store führt wasserfeste Taschen, Stofftiere, Schmuck und Klimbim. Die Shirts „Take me to the lake" werden extra für den Laden produziert. Jedes Teil ein Unikat. *Seestr. 8 | Prien | threemonkeys030.de*

INSIDER-TIPP
**Ein Original von einem Souvenir**

### THOMAFISCHER

Räucherfisch für daheim, gut eingeschweißt: Irmi Wallner holt das Leckerste aus dem See. *Do 10–18, Juni–Okt. auch Di | Markstatt 10 | Chieming | Tel 08664 2 31 | thomafischer.de*

## SPORT & SPASS

### SUP CENTER CHIEMSEE

Tipps fürs sichere Stehen und tolle Touren hat Manuel Schönwälder vom Boardverleih.

INSIDER-TIPP
**Genialer Schlossblick**

Paddle gemütlich von Prien zur Westseite der Herreninsel. Am Großen Kanal hast du einen sensationellen Blick aufs Schloss. *40 Euro/90 min. nach Anmeldung | ab Bootsverleih Schraml | Harrasser Str. 39 | Tel 0175 4 13 76 90 | supcenter-chiemsee.de*

### KAJAK-TOUR

Abenteuer voraus! Im Zweier-Kajak *(30 Euro/4 Std.)* geht es quer übers „bayerische Meer". *Mai–Okt. | 4 Std. für 25 Euro | Surfcenter Gstadt am Strandbad Hofanger | Tel. 0171 5 46 07 55 | chiemsee-surfcenter.de*

### MÜHLBACH ALPAKAS

Wegen ihres kuscheligen Fells möchte man Alpaka Meghan umarmen. Danach geht es 90 Minuten auf Wanderung mit den Tieren als Begleiter. *Erw. 20, Kinder 10 Euro | Mitterhausen 56 | Neuötting | Anmeldung Tel. 08671 7 35 97 | muehlbach-alpakas.de*

## STRÄNDE

Das Meer ist fern, aber das Strandfeeling sehr nah. Der mit 6 km längste

Chillout mit Fußbad in Übersee am Chiemsee: Wer bitte vermisst da noch das Meer?

Strand liegt in *Übersee* – mit tollen Beachbars an der Julius-Exter-Promenade.

In Prien bietet das *Prienavera Strandbad (tgl. 9–20 Uhr | Eintritt 2,50 Euro | Seestr. 120 | prienavera.de)* naturbelassenen Zugang in den See. Im *Chiemseepark Felden/Bernau* kannst du gratis auf die Rutschen und Beachvolleyballfelder.

INSIDER-TIPP
**Rutsch in den See**

Einen Abenteuerspielplatz bietet das *Strandbad Seebruck (Mai–Sept. tgl. 9–22 Uhr | Eintritt 1,50 Euro | seen.de/chiemsee).*

## WELLNESS

### DAYSPA GUT ISING

Das Sternehotel mit toller, wunderschöner Sauna- und Spalandschaft und beheiztem Outdoorpool öffnet unter der Woche für alle. Bei einer Behandlung ist der Eintritt gratis, sonst kostet es 35 Euro pro Person. Mittwochabend ist *Ladies Afterwork* mit Sekt und Fingerfood für 28 Euro. Zum Spa gehört der größte Außenwhirlpool Deutschlands mit 10 m Durchmesser. *Kirchberg 3 | Chieming | Tel 08667 790 | gut-ising.de*

### CHIEMGAU THERMEN

Lagunen, Thermalquellen, Wüstensand, Massagen und Salzgrotte: Das Badeparadies bietet alles, um verspannte Muskeln geschmeidig zu machen. *Tgl. 9–21 Uhr | Eintritt ab 18 Euro | Ströbinger Str. 18 | Bad Endorf | Tel. 08053 200900 | chiemgau-ther men.de*

# RUND UM DEN CHIEMSEE

### 9 NATURKUNDE- & MAMMUT-MUSEUM SIEGSDORF

*28 km/25 min von Prien (Auto)*

Das Siegsdorfer Mammut ist 45 000 Jahre alt und macht selbst als Skelett noch eine ziemlich imposante Figur. *April–Okt tgl. 10–18 Uhr, im Winter Mi, So bis 17 Uhr, in Schulferien tgl. | Erw. 7, Kinder 4 Euro | Auenstr. 2 | Siegsdorf | museum-siegsdorf.de | 45 min | L6*

### 10 RABENDEN

*25 km/30 min von Prien (Auto)*

Das Dorf hütet eine Kostbarkeit: Die schlichte *Kirche Sankt Jakobus* aus dem 15. Jh.birgt einen spätgotischen Flügelaltar, der wie auch die beiden Seitenaltäre einem unbekannten „Meister von Rabenden" zugeschrieben wird. Dieser setzte religiöse Themen in bäuerliche Bildsprache um. *K5*

### 11 TROSTBERG ★

*32 km/40 min von Prien (Auto)*

Dicht an dicht schmiegen sich die Häuser in Trostberg (11 300 Ew.) zwischen Alztal und dem Berghang. Weil unterschiedlich hoch und breit nennen die Bürger diese Bauweise, z.T. aus dem 13. Jh., *Trostberger Orgel.* Dufte: Im Rosengarten des Schlosses blühen 300 Arten. Eine tolle Aussicht hast du vom Balkon des *Café Schöne Helene (Di–So 8.30–17.30 Uhr | Hauptstr. 30 | Tel.*

Mit dem Rad hinauf zur Burg – da braucht's eine kleine Pause

*08621 9752071 | cafe-schoene-helene.squarespace.com | €).* Am besten mit einer Weißwurst auf dem Teller. *K5*

# WASSERBURG AM INN

*(J5)* **Mit seiner dem Fluss zugewandten Häuserfront auf einer Halbinsel, die der Inn in enger Schleife umfließt, erscheint ★ Wasserburg (12 800 Ew.) wie ein Gemälde.**
Hinter der mittelalterlichen Kulisse entpuppt es sich als liebenswerte Kleinstadt. Den besten Blick hast du vom Prallhang im Osten. Der Fahrstuhl vom Parkhaus bringt dich bis zur Hälfte nach oben.

## SIGHTSEEING

### ALTSTADT

Wer über die *Rote Brücke* und das *Brucktor* (15. Jh.) das erste Mal in die Stadt kommt, kann sich ihrem Charme nicht entziehen: Den Marienplatz säumen Häuser, deren gotische ☂ Laubengänge fast durchgängig erhalten sind und in denen du an einem Regentag trocken bummeln kannst. Das *Kernhaus (Marienplatz 9)* schmückt eine verspielte Rokokofassade. Imposant beherrscht das im 15. Jh. erbaute *Rathaus* den Platz. *Großer und Kleiner Ratssaal* mit Wandmalereien aus dem 16. Jh. sind nur bei einer *Führung (April–Okt. tgl. 13, Sa/So auch 14, Nov.–Dez. nur Sa/So 13, 14 Uhr | Eintritt 2,50 Euro)* zugänglich.

### MUSEUM WASSERBURG

Wie ein gotisches Altstadthaus von innen aussieht, welche Bedeutung die Innschifffahrt hatte und vieles mehr zeigt die Ausstellung. *Mai–Sept. Di–So 13–17, Okt.–Dez., Feb.–April Di–So 13–16 Uhr | Eintritt 2,50 Euro | Herrengasse 15 | wasserburg.de/museum | 30 min*

## ESSEN & TRINKEN

### HERRENHAUS

Die kreativen Gerichte wie Kalbstafelspitz oder Salbei-Gnocchi setzen kulinarische Standards. *So/Mo geschl. | Her-*

*rengasse 17 | Tel. 08071 5971170 | restaurant-herrenhaus.de | €€€*

### FISCHERSTÜBERL ATTEL

Frisch vom Wochenmarkt sind Zander & Co. Für Veggies: Spinat-Spatzn und coole Bauernbrote. *Tgl. 11–23 Uhr | Elend 1 | Tel. 0 08071 2598 | fischerstueberlattel.de | €€*

## SHOPPEN

### DONNA DOMANI

Drei Läden in einem: Auf zwei Etagen gibt es Designerlabels, Kosmetik, Deko sowie eine süße Weinbar. Wer noch ein Mitbringsel braucht, kann außerhalb der Öffnungszeiten Geld in die aufgestellte Kasse werfen und sich einen Strauß nach Gusto nehmen. *Herrengasse 2 | dmnplus.de*

# BURGHAUSEN

*(📖 L4)* **Das mittelalterliche Burghausen (18700 Ew.) hält mit der „längsten Burg der Welt" einen Guinnessbuchrekord – und ist doch so beschaulich und aus der Zeit gefallen. Lass dich durch Gassen treiben, trink Kaffee am Fluss oder erklimm die Aussichtspunkte. Selbst Hollywoodstars kamen schon her ...**

## SIGHTSEEING

### ALTSTADT

Rund um den *Stadtplatz* erzählen die Patrizierhäuser vom Wohlstand der Kaufmannsstadt im 16./17. Jh. Die Gasse *In den Grüben* ist eine beliebte Kneipenmeile und „Street of Fame", auf der Bronzeplatten Jazzkünstler würdigen.

### BURG ★

Was für ein Stück Mittelalter! Im 13. und 15. Jh. wurde die Festung mit sechs Höfen auf 1051 m Länge in ihrer heutigen Form ausgebaut. Es gab Wohntürme, Werkstätten, Getreidespeicher und natürlich eine Schatzkammer. Verkleidete Burgdamen und Henker führen über „Geheime Pfade" *(ab 7 Euro, Kinder bis 12 frei | Anmeldung Tel. 08677 887140)*. Die Geschichte der Stadt und Burg spiegelt sich im *Stadtmuseum (April–Sept. tgl. 9–18, Winter 10–16 Uhr | Eintritt 5 Euro | burg-burghausen.de | ⏱ 1,5 h)*.

## ESSEN & TRINKEN

### AUGUSTINER AM STADTPLATZ

Bayerisches Ambiente, ein schöner Biergarten und gute Küche. *Mo geschl. | Bruckgasse 104 | Tel. 08677 8785900 | augustiner-burghausen.de | €€*

### PRITZLWIRT

Im historischen Gasthaus gibt's Pfiffiges wie Schweinebrust mit Quittengelee. *Mo/Di u. Mi–Sa je mittags geschl. | Pritzl 102 | Tel. 08677 4488 | pritzlwirt.de | €*

### CAFE DELI & STORE ☂

Frühstück, Snacks und hervorragenden Kuchen gibt's in dem Café, zu dem auch ein kleiner Laden gehört. Am schönsten sitzt es sich auf der Terrasse mit Blick auf die Salzach. *Mo–Mi geschl. | Stadtplatz 95 | Tel. 08677 9174348 | Facebook: AltstadtcafeBurghausen*

## SHOPPEN

### BARBARINO TRACHT

Echte Dirndl für fesche Madln. Die Manufaktur schneidert schlichte, authentische Tracht. *Mo–Sa ab 10 Uhr | Stadtplatz 116 | barbarino-burghausen.de*

## SPORT & SPASS

### PLÄTTENFAHRTEN

Früher wurde Salz auf den flachen Kähnen transportiert, heute nehmen zahlende Gäste Platz. Start ist in Tittmoning, Fahrzeit 90 Minuten bis Burghausen. *Mitte Mai–Mitte Sept. Busabfahrt um 13 Uhr am Stadtplatz | Fahrt 17 Euro | Termine u. Auskunft bei der Tourist-Info Tel. 08677 887140*

Wie ein Industriedenkmal aussehen kann? Z. B. so ansprechend wie die Alte Saline

# RUND UM BURGHAUSEN

### 12 ALTÖTTING

*15 km/20 min von Burghausen (Auto)*

Eine Million Menschen pilgern jedes Jahr in den Ort. Und das (fast) nur wegen ihr: der *Schwarzen Madonna*. Zierliche 65 cm ist sie hoch, und hat doch eine besondere Aura, die das vom Ruß der Kerzen geschwärzte Holz noch verstärkt. Altöttings kostbares *Goldenes Rössl*, einen Marienaltar, hütet die *Neue Schatzkammer (Mitte April–Okt. Di–So 10–16 Uhr | Eintritt frei | Kapellplatz 4 | neueschatzkammer.de | 1 h)*. Eine etwas andere Wallfahrt bietet Kabarettist Fritz Mayer an. Bei der *Bierwallfahrt (Mai–Okt. | 84 Euro | Anmeldung unter Tel. 08671 502444)* geht es von Brauerei zu Brauerei bis nach Altötting. Die 16,5 km von Unterneukirchen legst du zu Fuß zurück, zwischendrin gibt es Stärkung durch Weizen- oder Bockbiere. *L4*

INSIDER-TIPP
Hol dir den Biersegen!

### 13 MARKTL AM INN

*10 km/12 min von Burghausen (Auto)*

Als aus Kardinal Ratzinger 2005 Papst Benedikt XVI. wurde, war sein Geburtsort rummelig. Heute ist es hier wieder ruhiger geworden. Sein *Geburtshaus (Mo, Mi–Fr 10–12, 14–16.30, Sa/So 10–16.30 Uhr | Eintritt 4 Euro)* ist zwischen Ostern und Oktober geöffnet. In der *Kirche Sankt Oswald* steht das Becken, in dem er getauft wurde. *L4*

# BAD REICHENHALL

*(L6)* **Das Salz hat den heutigen Kurort (17 500 Ew.) reich gemacht.** Ab Mitte des 19. Jhs. zog die Sole Kurgäste an: Nostalgische Villen, historische Hotels und das Kurhaus erinnern im Kurviertel an diese Epoche.

## SIGHTSEEING

### ALTE SALINE ☂

Es rauscht und rattert: Die nach einem Stadtbrand 1834 neu erbaute Alte Saline ist ein faszinierendes Industriedenkmal. Die 13 m hohen Wasserräder im Hauptbrunnhaus drehen sich ununterbrochen, um Sole nach oben zu pumpen. Bei der Führung wanderst du durch die Katakomben. *April–Okt. tgl. 10–16, Nov.–März Di–Sa 11–15 Uhr | Eintritt 10 Euro | Alte Saline 9 | alte-saline.de | ⏱ 45 min*

### SEBASTIANIVIERTEL

Das Viertel um den Florianiplatz wirkt wie ein Relikt aus der Vergangenheit, der große Stadtbrand hat es verschont: Häuser mit weit vorkragenden Dächern, Lüftlmalerei und ein Stück der Wehrmauer (13. Jh.) geben einen schönen Eindruck von der einstigen Altstadt.

## ESSEN & TRINKEN

### SALIN

Schick ist die Kombi der Ziegelarchitektur der Saline mit modernem Interieur, ebenso ausgefallen sind die Speisen, vieles davon ist vegetarisch. Sonntags gibt es einen großen Brunch. *Tgl. | Alte Saline 2 | Tel. 08651 7 17 49 07 | salin-reichenhall.de | €€€*

### WIENINGER SCHWABENBRÄU

Das alte Schwabenbräu ist urgemütlich, das Essen bayerisch, dazu hausgebrautes Zwicklbier. *Salzburger Str. 22 | Tel. 08651 9 69 50 | wieninger-schwabenbraeu.de | €*

## SHOPPEN

### KELTEREI STADLER

Schon mal Heulimonade probiert? Michael Stadler in Piding, 7 km von Bad Reichenhall, stellt besondere Biosäfte her. *Fr 8–16, Sa 8–12 Uhr | Högler Str. 50 | Piding | kelterei-stadler.de*

### MODEHAUS JUHASZ

Lieblingsstücke auf 6000 m² findest du in dem modernen Kaufhaus. Auf der Dachterrasse kannst du beim Sundowner entspannen – und die Einkäufe gleich ausführen. *Ludwigstr. 23 | Tel. 08651 9 73 80 | kaufhaus-juhasz.de*

## SPORT & SPASS

### ECHT POSCH

INSIDER-TIPP **Alles im Fluss**

Hauptsache Adrenalin! In dem Outdoor Center kannst du im Wildwasser raften und Klettersteige erkraxeln. Über Felsrutschen und an Klippen hinab eroberst du beim Canyoning das Flussbett. Ein riesiger Spaß, der etwas Mut braucht. *Mit Anmeldung | Baumgarten 1 | Schneitzelreuth | Tel. 08651 22 33 | echt-posch.de*

## WELLNESS

### RUPERTUS-THERME

Solewasserbecken, Saunalandschaft und Rutschen für die ganze Familie – hier vergeht der Tag im Nu. Das Beste aus Sole enthält die Laist-Packung. Die Mineralien des Schlicks straffen die Haut. *Tgl. 9–22 Uhr | Tageskarte ab 22 Euro | Friedrich-Ebert-Allee 21 | rupertustherme.de*

### GRADIERHAUS

Atme dich frei – gratis! Das solehaltige Wasser rinnt im Kurpark über eine Dornenwand, verdunstet und umnebelt dich. *Im Kurpark*

# RUND UM BAD REICHENHALL

### 14 PREDIGTSTUHL

*9 min von Reichenhall (Seilbahn)*

Reise in die 20er-Jahre: Der Hausberg (1614 m) wurde 1928 durch eine *Kabinenbahn (tgl. 9–17 Uhr im 30-Minuten-Takt | einfache Fahrt 19 Euro | predigtstuhlbahn.de)* erschlossen. Die Aussicht ist grandios. Im Sommer kannst du wandern, im Winter Skifahren. *L–M6*

### 15 LAUFEN

*35 km/35 min von Reichenhall (Auto)*

Der Ort prunkt mit schönen Häusern im Inn-Salzach-Stil. Beim Bummel durch die *Altstadt* entdeckst du mittelalterliche Wehrtürme, Schwibbögen und romantische Gassen. Wie ein gen Himmel strebender Wald wirken die hohen Säulen in der gotischen *Stiftskirche*. Wie komplex es ist, Bier zu brauen, erklärt dir Mauritz Volkmer in einem Braukurs *(Mi–Fr ab 17 Uhr | Braukuchl | Schlossplatz 2 | brauchkuchl.at)*. Nach acht Stunden darfst du deinem Sud einen Namen geben. Schmankerl gibt's im *Kapuzinerhof (Schloßplatz 4 | Tel. 08682 9540 | kapuzinerhof.de | €€)*. *M5*

INSIDER-TIPP **Nach Reinheitsgebot**

# BERCHTESGADEN

*(M7)* **Heile Bergwelt, bombastisches Panorama: Die gezackten Gipfel der Berchtesgadener Alpen rund um den malerischen Ort (7600 Ew.) werden dich beeindrucken.**

Berchtesgaden am Fuß des *Watzmanns* (2713 m) wanderte seit seiner Gründung als Stift im 12. Jh. mehrmals zwischen Salzburg und Bayern hin und her.

## SIGHTSEEING

### ALTSTADT

Um den Marktplatz mit seinem Brunnen (16. Jh.) reihen sich mittelalterliche Häuser. Viele Fassaden sind mit Stuck und Lüftlbildern geschmückt, so das *Hirschenhaus* von 1594. An den Markt grenzt das Schloss der Familie Wittelsbach *(Mitte Mai–Mitte Okt. So–Fr 10–13, 14–17, Winter Mo–Fr 11 und 14 Uhr, Führung 1 Std. | Eintritt 12 Euro)*.

Schön ist der Blick auf Berchtesgaden mit der Silhouette des Watzmanns im Hintergrund

Skurril: das *Rehmuseum (Eintritt 5 Euro)* mit tausenden Geweihen.

### SALZBERGWERK

650 m tief geht es mit der Grubenbahn unter Tage. Über Rutschen mit einer Länge von 40 m gelangst du zur Grotte von Ludwig II. und zum Spiegelsee. Das Bergwerk von 1517 hat nichts an Faszination eingebüßt. Im *Salzheilstollen (ab 24 Euro | salzheilstollen.com)* kannst du unter Decken eingekuschelt die heilende Luft atmen – für ein paar Stunden oder eine ganze Nacht. *März–Okt. tgl. 9–17, Winter 11–15 Uhr | Eintritt 18,50, Kinder 10 Euro | Bergwerkstr. 83 | salzbergwerk.de | 1,5 h*

## ESSEN & TRINKEN

### BRÄUSTÜBERL

Auf der Karte der Traditionswirtschaft stehen bayerische Klassiker. *Bräuhausstr. 13 | Tel. 08652 97 67 24 | braeustueberl-berchtesgaden.de | €€*

### ESSZIMMER

Abgefahren und bio: Blutwurst mit Stör nennt Maximilian Kühbeck „Surf & Turf". Dazu experimentiert er mit alten Gemüsesorten wie Spitzkraut und Topinambur. *Di–Sa ab 18 Uhr | Nonntal 7 | Tel. 08652 6 55 43 01 | esszimmer-berchtesgaden.com | €€€*

## SPORT & SPASS

### SALEWA SKITOURENPARK

Mit Schneeschuhen den Berg zu erwandern ist der Trend in Oberbayern. Den perfekten Wintergang lernst du auf dem deutschlandweit einzigartigen Parcours. In vier Stunden hast du den Dreh raus: Der Schnupperkurs bringt dir alles wichtige für deine erste Tour bei. *Salzbergstr. 33 | Tel. 08652*

Alpensteinböcke wissen die Weitläufigkeit des Nationalparks Berchtesgaden zu schätzen

*94 87 87 | skischule-berchtesgaden.eu*

**DAV KLETTERZENTRUM**

Trockenübungen für den Fels oder im Trockenen klettern, wenn's regnet – das Kletterzentrum begeistert mit mehreren Schwierigkeitsgraden. *Mo–Fr 10–21.30, Sa/So bis 17 Uhr | Eintritt 13 Euro | Watzmannstr. 4 | Bischofswiesen | kletterzentrum-berchtesgaden.de*

# RUND UM BERCHTES-GADEN

## 16 DOKUMENTATION OBERSALZBERG ★

*4 km/15 min vom ZOB Berchtesgaden (Bus)*

Seit 1923 kam Adolf Hitler regelmäßig an den nördlich von Berchtesgaden gelegenen Obersalzberg; ab 1933 wurde sein Anwesen zum zweiten Regierungssitz ausgebaut. Die *Dokumentation (April–Okt. tgl. 9–17, Winter Di–So 10–15 Uhr. | Eintritt 3 Euro | obersalzberg.de | 5 h)* beleuchtet die NS-Propaganda.

Mit dem Bus geht es weiter zum *Kehlsteinhaus (kehlsteinhaus.de)* in 1834 m Höhe. Hinauf gelangst du in einem messingverkleideten Aufzug. 2020 begannen umfangreiche Renovierungen.

INSIDER-TIPP **Könige der Lüfte gucken**

Verletzte Eulen, Falken und auch Adler pflegt Wolfgang Czech in seiner Falknerei am Fuß des Obersalzbergs, um sie anschließend wieder in die Natur zu entlassen. Kinder dürfen ganz nah an die Greifvögel ran. Der Zugang zur *Falknerei (Mai–Mitte Okt. tgl. 10–16 Uhr | Hintereck 9 | Tel. 08652 41 72 | adlergehege-berchtesgaden.de)* ist gratis. Außer Vögeln tummeln sich Murmeltiere auf dem Areal. *M7*

### 17 KÖNIGSSEE ★

*5 km/10 min von Berchtesgaden nach Schönau (Auto)*

Wie in Norwegen: Mit 7,2 km Länge, aber nur 1,2 km Breite ähnelt der in 600 m Höhe zwischen Bergen eingebettete See einem Fjord. Imposant beherrscht die 1800 m hohe Ostwand des *Watzmanns* (2719 m) sein Westufer. *Elektroboote (18,50 Euro Hin- und Rückfahrt | seenschifffahrt.de)* bringen dich von *Schönau* aus ans südliche Ende nach *Sankt Bartholomä* zur Wallfahrtskapelle mit Zwiebeltürmen aus dem 12. Jh.

**INSIDER-TIPP Abseits der Massen**

Wandre von der Salet Alm zum Obersee und weiter zur Fischunkelalm. Hier ist kaum einer und du wirst aus dem Fotografieren nicht mehr rauskommen. Badespaß inklusive! *M7*

### 18 NATIONALPARK BERCHTESGADEN ★

*35 km/35 min von Berchtesgaden (Auto)*

Steinadler und Murmeltiere, Enzian und Edelweiß: Seit seiner Einweihung 1978 ist der Berchtesgadener Nationalpark ein Alpenidyll. Selbst eine über 800 Jahre alte Zirbe reckt sich hier gen Himmel. Rund 1,5 Mio. Besucher kommen Jahr für Jahr her, um die Alpen in ihrer unverfälschten Schönheit zu erleben. Bemerken wirst du die Massen kaum: auf 210 km² und 250 km Wegenetz verläuft sich der Strom, den es u. a. zu *Watzmann, Jenner* und *Hochkalter* zieht.

Hüttentouren sind beliebt, etwa von der Mittelstation des Jenners zur *Gotzenalm*. Im Winter lässt sich hier rasant Ski fahren, etwa auf der steilen Spinnergrabenpiste, die nur was für Geübte ist. Preisgekrönt ist die Ausstellung „Vertikale Wildnis" im Parkzentrum *Haus der Berge (tgl. 9–17 Uhr | Eintritt 4 Euro | Hanielstr. 7 | nationalpark-berchtesgaden.bayern.de)* in Berchtesgaden: Die Lebensräume der Alpen werden als multimediale Panoramen dargestellt. Hier gibt es auch Infos zu den jährlich 1200 geführten Touren durch Deutschland weitläufigsten Nationalpark. Wer Glück, Geduld und ein Fernglas hat, entdeckt fast mit Garantie Murmeltiere, Gämsen oder Steinböcke. *L-M7*

## SCHÖNER SCHLAFEN IN CHIEMGAU & BERCHTESGADEN

**ANKOMMEN & EINKUSCHELN**

Die *Chiemsee Chalets (4 Chalets | Sagberg 2 | Tel. 0805 26 20 | chiemsee-chalet.de | €€)* liegen versteckt auf 800 Höhenmetern in Frasdorf. Yogastunden auf dem Waldboden, Infinitypool und Privatsauna auf den Zimmern sorgen für Abwechslung. Wer mag, dem wird abends ein Zwei-Gänge-Menü serviert.

**SCHLAF FASSEN**

In einem der Holzfässer im *Strandcamping Waging am See (6 Schlaffässer | Am See 1 | Waging | Tel. 08681 552 | strandcamp.de | €)* übernachtest du bequem und doch in freier Natur. Auf dem Campingplatz ist auch ein Sportprogramm und Abendunterhaltung geboten.

# NÖRDLICHES OBERBAYERN

## ALTE BRAU- UND HOHE BAUKUNST

**Der Norden Oberbayerns wird von Besuchern gerne vernachlässigt. Zu Unrecht. So liegt die Wiege der bayerischen Kunst des Bierbrauens hier in Weihenstephan. Mächtige Bischöfe herrschten in Freising und gängelten zuweilen die königliche Familie in München.**

Auch heute noch spielt die Religion im Norden der Landeshauptstadt eine große Rolle: Ob im Dom, im Kloster, in Kirchen oder sogar im Sudhaus: mit Stoßgebeten hilft man sich hier noch gerne weiter.

So licht kommt späte Gotik ausgerechnet im Mortuarium des Doms zu Eichstätt daher

Zeitgleich brodeln die Städtchen Eichstätt und Ingolstadt: Studenten und junge Geschäftsleute von Audi beleben die Straßen voller veganer Cafés, cooler Modeboutiquen und Feinkostläden.
Wer sich in die Natur begibt, geht auf eine Reise in eine längst vergangene Zeit: Burgen, Dinos und Fossilien warten im Freiluftfreizeitpark des Altmühltals, das mit seiner stillen Schönheit bezaubert. Wanderungen oder Radtouren von Biergarten zu Biergarten inklusive.

# NÖRDLICHES OBERBAYERN

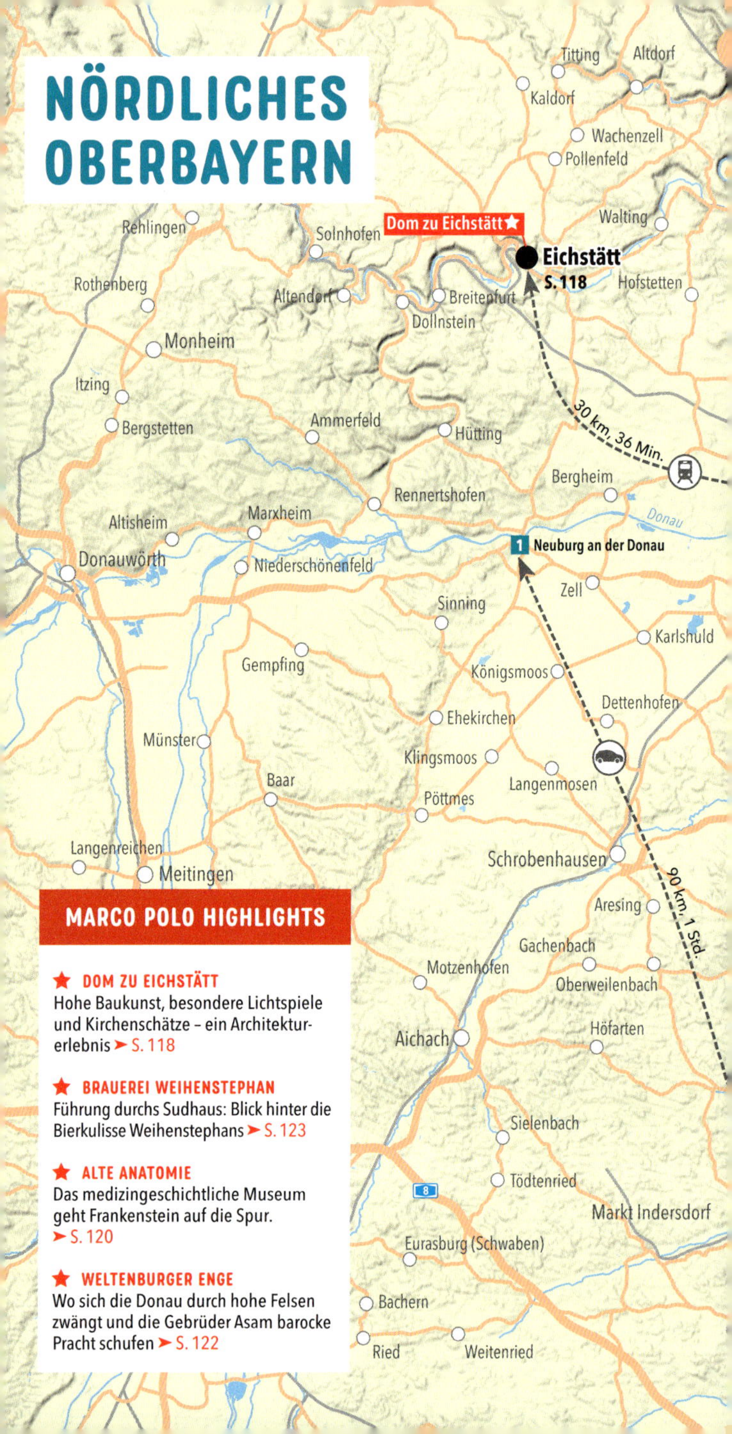


## MARCO POLO HIGHLIGHTS

**★ DOM ZU EICHSTÄTT**
Hohe Baukunst, besondere Lichtspiele und Kirchenschätze – ein Architekturerlebnis ➤ S. 118

**★ BRAUEREI WEIHENSTEPHAN**
Führung durchs Sudhaus: Blick hinter die Bierkulisse Weihenstephans ➤ S. 123

**★ ALTE ANATOMIE**
Das medizingeschichtliche Museum geht Frankenstein auf die Spur. ➤ S. 120

**★ WELTENBURGER ENGE**
Wo sich die Donau durch hohe Felsen zwängt und die Gebrüder Asam barocke Pracht schufen ➤ S. 122

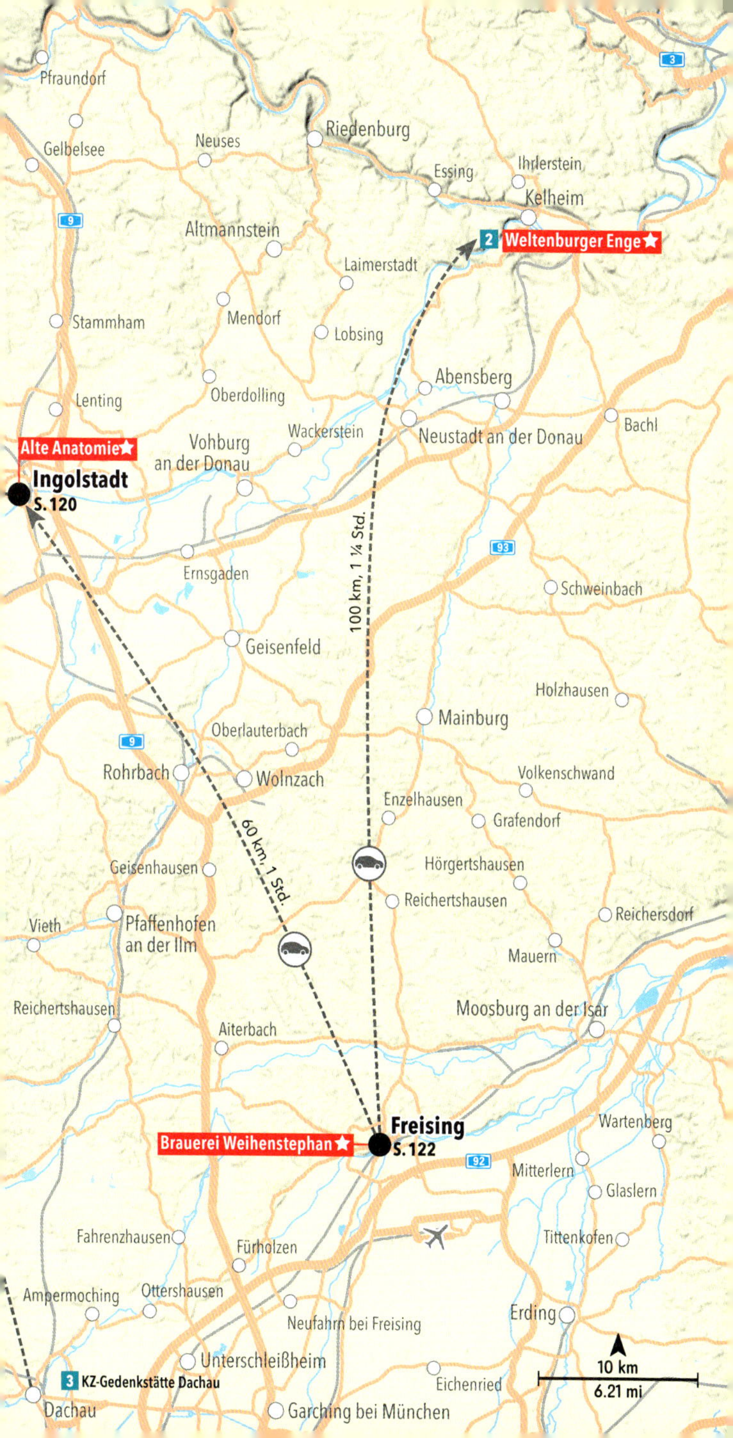

Pfraundorf
Gelbelsee
Neuses
Riedenburg
Essing
Ihrlerstein
Kelheim
3
9
Altmannstein
2 Weltenburger Enge
Laimerstadt
Mendorf
Stammham
Lobsing
Oberdolling
Abensberg
Lenting
Wackerstein
Bachl
Neustadt an der Donau
Alte Anatomie
Vohburg an der Donau
Ingolstadt
S. 120
100 km, 1 ¼ Std.
93
Ernsgaden
Schweinbach
Geisenfeld
Holzhausen
Mainburg
Oberlauterbach
9
Rohrbach
Wolnzach
Volkenschwand
Enzelhausen
Grafendorf
60 km, 1 Std.
Hörgertshausen
Geisenhausen
Reichertshausen
Reichersdorf
Vieth
Pfaffenhofen an der Ilm
Mauern
Reichertshausen
Moosburg an der Isar
Aiterbach
Freising
S. 122
Brauerei Weihenstephan
Wartenberg
92
Mitterlern
Glaslern
Fahrenzhausen
Fürholzen
Tittenkofen
Ampermoching
Ottershausen
Neufahrn bei Freising
Erding
Unterschleißheim
10 km
6.21 mi
3 KZ-Gedenkstätte Dachau
Eichenried
Dachau
Garching bei München

# EICHSTÄTT

*(F1)* **Studenten beleben dieses Städtchen (13 500 Ew.), das die einzige katholische Uni Deutschlands beherbergt.**

In Eichstätt unterscheiden sich die beiden historischen Bezirke von Kirche bzw. Fürsten deutlich voneinander: Herrschaftlich wirkt die barocke Bischofsresidenz am Dom, die Häuser am Markt – viele aus dem 14. Jh. – spiegeln den Wohlstand der Kaufleute wider. Das *Felsentor Unteremmendorf* sieht wie eine Requisite von „Herr der Ringe" aus – ist aber bei einer steilen Wanderung vom Altmühltal-Panoramaweg real zu erreichen.

## SIGHTSEEING

### DOM ZU EICHSTÄTT ★

Die Bürger haben früher gerne gebaut. Im Dom fließen 1200 Jahre Geschichte in Stein zusammen: Zu den ältesten Bauteilen zählen die frühromanischen Türme; seine heutige Gestalt erhielt es im 14./15. Jh. Die bemalten gotischen Skulpturen über dem *Nordportal* erzählen vom Tod Marias (15. Jh), am *Pappenheimer Altar* im nördlichen Querhaus wuchern Ranken. Der Dom wird bis 2022 umgebaut und ist nur in Teilen zugänglich.

### SCHUTZENGELKIRCHE

Jubilierende, weinende, drohende und musizierende Engel bevölkern das im 18. Jh. gebaute Gotteshaus – ein ungewöhnliches Barockensemble. Sonntags um 11.30 Uhr lassen Gratiskonzerte *(Mai–Juli)* die Putten in besonders klangvollem Ambiente erstrahlen.

INSIDER-TIPP **Klingende Engel**

### WILLIBALDSBURG

Weiß und stattlich ist die Renaissanceburg aus dem 14. Jh. schon von Weitem zu sehen. Kernstück ist der in der Hochrenaissance errichtete *Gemmingenbau*, in dem heute das *Jura-Museum (Di–So April–Sept. 9–18, Okt.–März 10–16 Uhr | Eintritt 5 Euro | jura-museum.de | 1 h)* beheimatet ist. Höhepunkt: die Fossilien des Urvogels Archaeopteryx und des *juravenator starki*, eines Raubsauriers.

## ESSEN & TRINKEN

### MALETTER

Das Restaurant bietet bayerische Tapas aus regionalen Zutaten. Der Gin der *Manufaktur So&So* wird in Eichstätt destilliert – probier die Variante mit Kakao. *Mo. geschl. | Domplatz 1 | Tel. 08421 9356191 | maletter.de | €€*

INSIDER-TIPP **Ein Schluck Eichstätt**

### GASTHOF KRONE

Ein Hofmühl-Helles aus der Eichstätt Privatbrauerei. Dazu herzhafte Fischgerichte. Märchenkönig Ludwig II. liebte Zander auf Pfefferkraut und Selleriestroh. Das Gericht gibt's nach altem Rezept zu probieren. *Tgl. | Domplatz 3 | Tel. 08421 4406 | krone-eichstaett.de | €€*

INSIDER-TIPP **Speisen wie ein König**

Wandern per Boot: eine Kanutour auf der Altmühl mit Blick auf die Willibaldsburg

## SHOPPEN

### FRAUENSACHE

Bedruckt und verziert: Katja Wenzl bietet Accessoires und Kleidung mit mädchenhaftem Chic an. *Marktplatz 22 | studio-frauensache.de*

### CHOCOLATIQUE

Rund um Schokolade dreht sich das kleine Ladengeschäft mit Kakao, Eis,Trüffel und Kuchen. *Mo–Sa ab 9.30 Uhr, So ab 14 Uhr | Markplatz 22 | genussmanufaktur-chocolatique.de*

## SPORT & SPASS

### NATURPARK ALTMÜHLTAL

Das ewige Leben ist im Altmühltal keine Mär: Fossilien sind im Kalkstein eingeschlossen – sie hämmerst du im *Steinbruch Blumenberg (Ende Mai–Okt. 10–17 Uhr | Eintritt 4 Euro | Kindersdorfstr.)* frei. Im ☂ *Parkzentrum (Juni, Sept., Okt. Mo–Fr 9–17, Sa/So 13–17, Juli tgl. bis 18 Uhr, Nov.–März Mo–Fr 9–12 u. Mo–Do 14–16 Uhr | Notre Dame 1 | naturpark-altmuehltal.de)* kannst du das Altmühltal bei einem virtuellen Flug erkunden. *F1*

### DINOPARK

Hier warten über 80 Dinos! Im Steinbruch kannst du nach (künstlichen) Skeletten graben. *Tgl. 9–18, im Winter 9–16 Uhr | Erw. 19,50, Kinder 9,50 Euro | Dinopark 1 | dinopark-bayern.de*

### KANUTOUR

Plitsch, platsch geht's beim Bootswandern im Kanu durch den Naturpark. Auch für Kids geeignet! *Boote-Glas (März–Okt., ca. 13,50 Euro pro Person/Tag | Industriestr. 18a | Tel. 08421 30 55 | boote-glas.de).*

### ALTMÜHLTAL-RADWEG

Durch mächtige Jurafelsen geht es über 166 km Radweg durch das Altmühltal. Mit etwas Glück sieht man sogar Störche. Tourenvorschläge hat die Tourist-Info.

# INGOLSTADT

*(🕮 G2)* **Oberbayerns zweitgrößte Stadt (137 000 Ew.) ist mehr als nur der Standort von Audi.**

Seit der Renaissance wurde *Ingolstadt* zur Landesfestung ausgebaut. Dem von einem breiten Grünstreifen umgebenen Festungsgürtel ist es zu verdanken, dass die mittelalterliche Altstadt so gut erhalten ist.

## SIGHTSEEING

### ALTE ANATOMIE ★

Ingolstadt war Sitz der ersten Universität Bayerns, die 1723 eine „Sezieranstalt" erhielt, die *Alte Anatomie*. Das *Deutsche Medizinhistorische Museum* nimmt aktuelle Ereignisse wie Corona auf und stellt Exponate zur Seuchengeschichte aus. Darüber hinaus gibt es Veranstaltungen wie Schnitzeljagden zu Frankenstein – die Sezieranstalt war Vorbild für Mary Shellys gleichnamigen Roman. *Di–So 10–17 Uhr | Eintritt 5 Euro | Anatomiestr. 18 | dmm-ingolstadt.de | ⏲ 1 h*

### ALTSTADT

Vom *Neuen Schloss* (15. Jh.) an der Donau bis zum markanten *Kreuztor* (14. Jh.) durchqueren Ludwig-, Theresien- und Kreuzstraße die Altstadt von Ost nach West. Das *Ickstatthaus* an der Ludwigstraße ist mit wunderbarem Stuck geschmückt. Der wuchtige *Herzogkasten* an der Mauthstraße aus dem 13. Jh. wurde zu einem Getreidemarkt umgebaut. Am Beginn der Kreuzstraße erhebt sich das im 13./14. Jh. errichtete *Liebfrauenmünster*, dessen Prunkstück ein von Hans Mielich 1572 entworfener Hochaltar mit über 90 biblischen Szenen ist. Kostbar sind auch die Fenster aus dem 16. Jh. im Chorumgang.

### AUDI-FORUM ☂

Eine halbe Million Menschen kommen jedes Jahr ins Werk: um den Neuwagen abzuholen oder um ins *Museum Mobile* zu schauen. Spannend: die Erlebnisführung durchs Werk *(Mo–Fr ab 7 Euro)*. Für Kinder gibt es eine 👧 Entdeckungstour, bei der sie ihr Traumauto designen dürfen. *Anmeldung unter Tel. 0800 2 83 44 44 | Auto-Union-Str. 1 | audi.de | ⏲ 1,5 h*

### KLENZEPARK

Gegenüber der Altstadt erheben sich die mächtigen Bastionen der Landesfestung. Den Brückenkopf am Donauübergang verteidigten Turm Triva und Turm Baur beidseits eines in einem Halbrund angelegten Verteidigungsbaus, dem sogenannten Reduit Tilly. Gegenüber auf der Altstadtseite zeigt das *Museum für konkrete Kunst (Di–So 10–17 Uhr | Eintritt 5 Euro | Tränktorstr. 6–8 | mkk-ingolstadt.de | ⏲ 45 min)* Exponate von Max Bill und jungen Designern.

## ESSEN & TRINKEN

### DAS MO – NEUE GALERIE

In den historischen Ziegelgewölben kommen bayerische wie internationale Gerichte auf den Tisch. Der Clou aber ist der Biergarten im Herzen der Altstadt. *Tgl. | Bergbräustr. 7 | Tel. 0841 3 39 60 | dasmo.de | €*

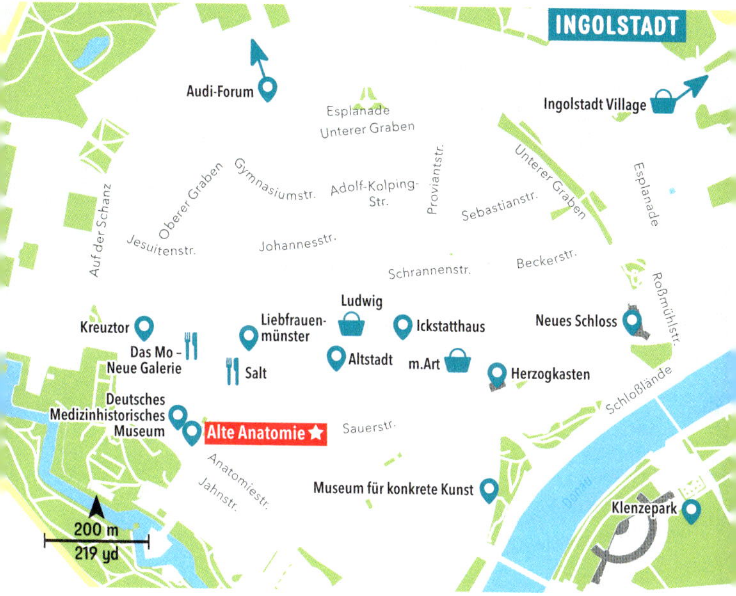


### SALT

Clean Eating bei Eva Salzberger: Es gibt Spinat-Smoothies, Avocado-Bagles und Low-Carb-Kokoskuchen. *Mo–Fr 7.30–17.30, Sa/So ab 9 Uhr | Kreuzstr. 2 | Tel. 0841 95 16 53 65 | salt-empire.com | €€*

## SHOPPEN

### M.ART

Filigran bemaltes Porzellan, Drucke, Armbänder und Geschirrhandtücher – z.T. handgefertigt in und um Ingolstadt. *Di–Fr 14–18, Sa 10–14 Uhr | Pfarrgasse 2–4 | miriampopov.com*

### LUDWIG

Bayerische Sprüche bekommen auf Shirts, Caps oder Stramplern einen modernen Twist. *Theresienstr. 13 | ludwig-store.com*

### INGOLSTADT VILLAGE

Im Outlet an der A9 gibt's Designerteile stark reduziert. *ingolstadtvillage.com*

## SPORT & SPASS

### ILLUMINATEN-STADTFÜHRUNG

Seit Dan Brown der Hit: Die Stadtführung begibt sich an die Schauplätze des Geheimbunds, der um 1776 in Ingolstadt gegründeten wurde. *Mai–Okt., Termine auf der Website | 10,50 Euro | ingolstadt-erleben.de*

### WAKE & GROOVE

Adrenalin jagt durch den Körper, wenn man auf den Wasserskiern oder dem Wakeboard steht. *April–Okt. | ab 25 Euro | Lorenzisee 1 | wakeandgroove.de*

Gelungene Abwechslung zum Rokoko: Neuburgs prägendes Renaissanceschloss

# RUND UM INGOLSTADT

### 1 NEUBURG AN DER DONAU

*23 km/35 min von Ingolstadt (Auto)*

Im Ortskern des Städtchens (29 000 Ew.) sind zahlreiche Renaissance- und Barockhäuser erhalten. Beide Architekturstile vereinen sich im *Schloss* aus dem 16. Jh. mit einem arkadengesäumten Innenhof und Fresken in Sgraffitotechnik. Die Schlosskapelle wurde 1543 als erster protestantischer Kirchenraum geweiht. Im Schloss residiert die *Staatsgalerie Neuburg (April–Sept. Di–So 9–18, Winter 10–16 Uhr | Eintritt 6 Euro)*, deren Ausstellung sich flämischen Barockmalern widmet. Gegenüber schnabulierst du bei *Vivat (Amalienstr. A61 | Tel. 08431 64 81 13 | vivat-am-schloss.de | €€)* Flammkuchen oder Krautstrudel. *F2*

### 2 WELTENBURGER ENGE ★

*46 km/50 min von Ingolstadt (Auto)*

Abstecher nach Niederbayern: Zwischen Kelheim und der barocken *Klosterkirche Weltenburg* der Gebrüder Asam durchbricht die Donau eine Felsbarriere aus Jurakalk. Bis zu 80 m hohe Felswände säumen den Durchbruch, zu dem Ausflugsschiffe *(schifffahrt-kelheim.de)* fahren. Eine einzigartige *Höhlenkirche* kannst du bei der *Einsiedelei Klösterl* entdecken. Im Sand finden sich Goldspuren, da Alchemisten hier geforscht haben. *H1*

INSIDER-TIPP
**Ein Kloster in der Höhle**

# FREISING

*(H3)* **Auch in Freising (49 000 Ew.) gilt: Wo ein Kloster ist, ist die Brauerei bestimmt nicht fern.**

Gegründet um 700 war Freising eine der frühesten Siedlungen Oberbayerns, der hl. Korbinian höchstpersönlich erster Bischof, und die Brauerei Weihenstephan auf dem Stadthügel soll die älteste der Welt sein. Bei aller Tradition: Freising ist die jüngste Stadt Bayerns mit einem Durchschnittsalter von 40,6 Jahren.

## SIGHTSEEING

### BRAUEREI WEIHENSTEPHAN ★

Hopfen und Malz, Gott erhalt's: Die Führung (8 Euro) durch Sudhaus und Museum erklärt die hiesige Tradition des Brauens. Danach gönnst du dir eine Brotzeitplatte mit Speck und Käse im *Bräustüberl (tgl. | €). Führungen Mo, Di, Mi 10, Di auch 13.30 Uhr | Alte Akademie | weihenstephaner.de*

### DOMBERG

Der im 12. Jh. erbaute *Dom Mariä Geburt* verwandelte sich im 18. Jh. unter den Händen der Gebrüder Asam in ein Stuckkunstwerk in den Farben Weiß und Gold. In der *Krypta* mit dem Reliquiar des hl. Korbinian herrscht der Geist der Romanik, verewigt in der Bestiensäule, an der wilde Kreaturen den Menschen zu Leibe rücken. Von hier schlenderst du über Kopfsteinpflaster zur Fischergasse – ein herrlicher Straßenzug.

## ESSEN & TRINKEN

### TAFERNWIRTSCHAFT

Tomaten aus dem Garten, Lamm von der Weide: Die Tafernwirtschaft legt Wert auf regionale Gerichte. *Tgl. | Hohenbercha 38 | Kranzberg | Tel. 08166 99 09 80 | hoerger-biohotel.de | €€*

## SHOPPEN

### HINTERLAND

Vegane Mayo, Reis vom Chiemsee und Obstler aus Freising: Leckereien aus der Region und darüber hinaus. *Untere Hauptstr. 42 | aus-dem-hinterland.de*

## SPORT & SPASS

### BOGENPARK HOHENKAMMER

Hobby à la Robin Hood: Beim Schnupperkurs geht es mit dem Bogen über aufgeforstete 3-D-Parcours – Pappbären erlegen. *39 Euro | Alte Poststr. | Hohenkammer | Anmeldung Tel. 0152 22 57 74 79 | bogenpark-hohenkammer.de*

### ISARRADWEG

Am Fluß entlang geht es über 39 km in 3 Std. bis zur Landeshauptstadt München. Am Isartor kannst du in die S-Bahn Nr. 1 steigen und bequem nach Freising zurückkommen. Räder gibt's beim Radverleih *Velosoph (Sonnenstr. 29 | So/Mo geschl. | Tel. 0151 53 52 03 46).*

INSIDER-TIPP
**Schon deine Wadln**

# RUND UM FREISING

### 3 KZ-GEDENKSTÄTTE DACHAU

*35 km/35 min von Freising (Auto)*

Rund 200 000 Menschen waren zwischen 1933 und 1945 im Konzentrationslager Dachau interniert, 32 000 starben. Die beklemmende Ausstellung in der Gedenkstätte nimmt den „Weg der Häftlinge" auf, um Aspekte des Lebens und Überlebens bzw. den Weg in den Tod zu dokumentieren. *Tgl. 9–17 Uhr | Eintritt frei | Alte Römerstr. 75 | Tel. 08131 66 99 70 | kz-gedenkstaette-dachau.de | 3 h |* *G4*

# ERLEBNIS TOUREN

Lust, die Besonderheiten der Region zu entdecken? Dann sind die Erlebnistouren genau das Richtige für dich! Ganz einfach wird es mit der MARCO POLO Touren-App: Die Tour über den QR-Code aufs Smartphone laden – und auch offline die perfekte Orientierung haben.

## 1 OBERBAYERN PERFEKT IM ÜBERBLICK

- ➤ Sich Kaiserschmarrn in Bayerns höchstgelegenem Biergarten gönnen
- ➤ Wie Kandinsky und Co. übernachten
- ➤ Durch den Zauberwald wandern

Landsberg am Lech — Königssee

650 km — 7 Tage, reine Fahrzeit 12 Std.

Mitnehmen: Badesachen, Regen- und Sonnenschutz, feste Schuhe für leichte Wanderungen, Tagesrucksack
Unbedingt rechtzeitig Karten für das **Passionstheater** in **5 Oberammergau** (Juli–Mitte Aug.) reservieren *(Tel. 08822 9 45 88 88 | passionstheater.de)*

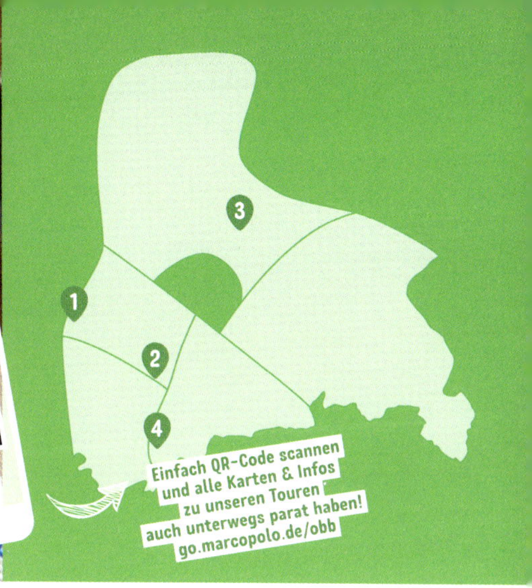


Wer über den Königssee nach St. Bartholomä schippert, genießt majestätische Ausblicke

## IM ROKOKO-RAUSCH

Ausgangspunkt deiner Route ist das idyllische ❶ **Landsberg am Lech** ➤ S. 44. Ein Gang durch die alte Handelsstadt zeigt die verspielte, vom Rokoko geprägte Architektur. *Auf der B 17 dem Lech nach Süden folgend* findest du in ❷ **Altenstadt** ➤ S. 61 bei Schongau das Kontrastprogramm dazu: den romanisch-expressiven **Großen Gott von Altenstadt** in der **Basilika Sankt Michael**. *Weiter auf der B 472 und B 17* schmiegt sich die ❸ **Wieskirche** ➤ S. 61 Unesco-Weltkulturerbe und ein Schatzkästchen des Rokokos, zwischen grüne Wiesen. Nach so viel kirchlichem Prunk schmeckt eine Radlerhalbe zu Wurstsalat und Brezn im Biergarten des **Gasthofs Schweiger** *(Sa–Do 9–18 Uhr | Wies 9 | Tel. 08862 5 00 | €€)* gegenüber. *Auf der B 23 und der Deutschen Alpenstraße* geht es nun zu einem der Lieblingsschlösser Ludwigs II., dem ❹ **Schloss Linderhof** ➤ S. 67, und dann ins schöne ❺ **Oberammergau** ➤ S. 65 mit seinen behäbigen Bauernhäusern und Läden voller Holzschnitzkunst. Im mit Lüftlbildern geschmückten **Pilatushaus** siehst du Schnitzern, Hinterglasmalern und Töpfern bei der Arbeit zu. Empfehlenswert ist abends eine Vorstellung im Oberammergauer **Passionstheater** und

**TAG 1**
❶ Landsberg am Lech
27 km
❷ Altenstadt
25 km
❸ Wieskirche
40 km
❹ Schloss Linderhof
13 km
❺ Oberammergau

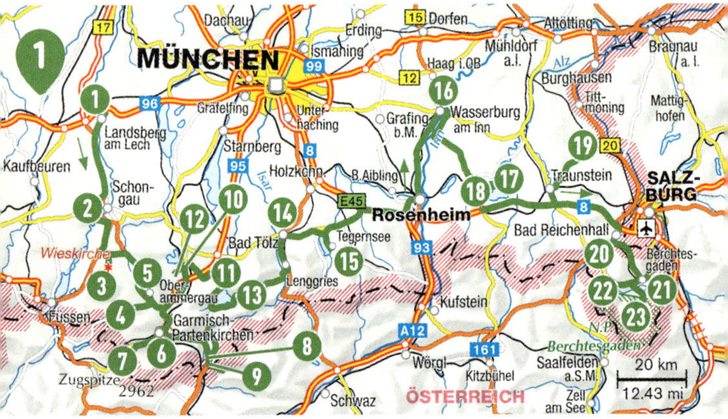


eine Übernachtung im **Gasthof zur Rose** *(rose-oberammergau.de)*. Im August wird es ganz unchristlich in Oberammergau. Beim *Heimatsoundfestival* rocken lokale Künstler das malerische Dorf.

INSIDER-TIPP
**Spür den Bass**

**TAG 2**

20 km

**❻ Garmisch-Partenkirchen**

10 km

**❼ Zugspitze**

28 km

**❽ Mittenwald**

Nächstes Etappenziel *an der B 2* ist das von eindrucksvoller Gebirgskulisse gerahmte **❻ Garmisch-Partenkirchen ➤ S. 68** am Fuß der **❼ Zugspitze ➤ S. 72** die du per Gondel eroberst. Ein grandioses Bergpanorama und Kaiserschmarrn in der schicken **Panoramalounge 2962** *(tgl. 8–16.15 Uhr)* lohnen. *Über die B 2 erreichst du* das hübsche, von Lüftlmalereien geprägte Geigenbauerdorf **❽ Mittenwald ➤ S. 73** Reservier einen Tisch für den Abend im **Marktrestaurant** *(Di–Sa 12–13.30 Uhr, ab 18.30 Uhr | Dekan-Karl-Platz 21 | Tel. 08823 9269595 | €€)* und steig für eine Übernachtung im benachbarten Wallgau ab.

**TAG 3**

10 km

**❾ Karwendel**

46 km

**❿ Murnau**

## DEN BLAUEN REITERN FOLGEN

Am folgenden Morgen bringt dich die Gondel in die Bergkulisse des **❾ Karwendels ➤ S. 75.** Auf dem Panoramaweg wanderst du in etwa einer Stunde um die **Karwendelgrube** mit faszinierenden Ausblicken tief hinein in die österreichischen Felsgipfel. *Auf der B 2 nach Norden* gelangst du nach **❿ Murnau ➤ S. 62,** dem Sehnsuchtsort der Expressionisten. Der nächste

Übernachtungsstopp im Künstlerdomizil **Am Eichholz Art Hotel** *(ameichholz.de)* passt gut ins Flair des „Blauen Landes". Hier sind zahlreiche Werke der Künstlervereinigung „Der Blaue Reiter" entstanden, deren Werke im Murnauer **Münter-Haus** und in ⑪ **Kochel** ➤ S. 80 im **Franz-Marc-Museum** zu sehen sind.

Nach einem zweistündigen Spaziergang durch die faszinierende Moorlandschaft des ⑫ **Murnauer Mooses** am nächsten Morgen geht's *von Urfeld am Walchensee durch eines der schönsten Alpentäler, die* ⑬ **Jachenau** ➤ S. 82 *und auf der B 13 nordwärts an der noch jungen und wilden Isar entlang.* Such dir eine Kiesbank und spring ins Wasser – eiskalt, aber erfrischend! Im ehemaligen Flößerstädtchen ⑭ **Bad Tölz** ➤ S. 83 flanierst du zwischen prachtvollen Häusern am Markt und besuchst das privat betriebene **Bulle von Tölz Museum** *(Mo–Sa 10–17, So 11–17 Uhr | Kapellengasteig 3)*, das an die hier gedrehte Fernsehserie erinnert. Kontrast zum bäuerlichen Tölz ist der *weiter östlich liegende*, mondäne ⑮ **Tegernsee** ➤ S. 85 wo im gleichnamigen Ort im **Herzoglichen Bräustüberl** ein zünftiger Schweinebraten und im Hotel **Das Tegernsee** *(dastegernsee.de)* Designerzimmer warten.

21 km
⑪ Kochel
TAG 4
11 km
⑫ Murnauer Moos
68 km
⑬ Jachenau
30 km
⑭ Bad Tölz
22 km
⑮ Tegernsee

## AUF FISCHFANG

Am Tag darauf unternimmst du *über B 472, A 8 und B 15 einen Abstecher nach Norden* in die nahezu unverfälscht erhaltene Altstadt von ⑯ **Wasserburg am Inn** ➤ S. 106 Ein einstündiger Spaziergang auf dem Skulpturenweg rund um die Altstadt verbindet historische Architektur und moderne Kunst. *Dann folgst du der B 304 zum Chiemsee* ➤ *S. 101* mit einem weiteren Königsschloss: ⑰ **Herrenchiemsee** ➤ S. 102 zu dem du *vom Hafen Stock mit dem Raddampfer „Ludwig Fessler" übersetzst.* Ganz vorzüglich schmeckt in ⑱ **Prien** ➤ S. 102 der Steckerlfisch im schattigen Garten der **Fischhütte Reiter,** bevor es *weiter nach Osten zum* ⑲ **Waginger See** und dem nächsten Übernachtungsstopp, dem Hotel **Wellnessgarten** *(wellness-hotel-tennis.de)* geht. Nimm dir Zeit für die Wellnesseinrichtungen und Naturteiche des Hauses!

TAG 5
75 km
⑯ Wasserburg am Inn
40 km
⑰ Herrenchiemsee
5 km
⑱ Prien
50 km
⑲ Waginger See

TAG 6-7

50 km

⑳ Bad Reichenhall

17 km

㉑ Berchtesgaden

12 km

㉒ Ramsauer Zauberwald

12 km

㉓ Königssee

### WAS DU ÜBER SALZ WISSEN SOLLTEST

Am nächsten Morgen *geht es über die A 8 nach* ⑳ **Bad Reichenhall** ➤ S. 109, dessen **Alte Saline** die Geschichte der Salzgewinnung erzählt. In ㉑ **Berchtesgaden** ➤ S. 110 führt das spannende **Schaubergwerk** tief in die Hochgebirgswelt hinein. Am Nachmittag unternimmst du zum Ausklang eine Wanderung durch den ㉒ **Ramsauer Zauberwald** entlang des **Hintersees** (ca. 6,4 km, 2 Std.), wo ein fast urwaldartiger Bergwald wartet. Und für die letzte Übernachtung beziehst du das nahe **Berghotel Rehlegg** *(rehlegg.de)*. Am folgenden Tag schließt ein Klassiker die Reise ab: die Bootstour über den von Steilwänden umschlossenen ㉓ **Königssee** ➤ S. 113 zum fotogenen Kirchlein **Sankt Bartholomä** und seiner historischen Gaststätte.

# 2 VOM STARNBERGER SEE IN DIE ENG

- ➤ Sich durch Serpentinen von Aussichtspunkt zu Aussichtspunkt winden
- ➤ Fast allein am Wasserlauf entlang wandern
- ➤ Sich mutig im Bach erfrischen

Start: Seeshaupt

Ziel: Walchensee

Strecke: 165 km

Dauer: 1 Tag, reine Fahrzeit 2,5 Std. Wanderung 2 Std.

Mitnehmen: Leichte Wanderschuhe, Badesachen, Sonnenschutz

Achtung: Im Winter schließt die Straße zum ⑨ **Großen Ahornboden** und wird als Langlaufloipe präpariert.

① Seeshaupt

11 km

② Penzberg

### MODERNE MOSCHEEN & ALTE ABTEIEN

Start ist in ① **Seeshaupt** ➤ S. 52 an der Südspitze des Starnberger Sees. *Durch die stille Moorlandschaft der Osterseen geht es* ins Städtchen ② **Penzberg**, das eine 2005 gebaute **Moschee** *(Bichler Str. 15)* besitzt – ein Meisterwerk moderner Architektur mit einem Minarett aus durchbrochenem Stahl, in dem der Gebetsruf in Schriftform eingearbeitet wurde, sowie einem in lichtes Blau getauchten Gebetsraum (Schuhe ausziehen). Kontrastprogramm zur Moderne bietet das *etwas weiter südlich gelegene* ❸ Kloster Benediktbeuern ➤ S. 82 mit seiner Rokokokapelle vor dem Hintergrund der mächtigen Benediktenwand. Die Route führt auf die Alpenkette zu. In ❹ Kochel am See ➤ S. 80 sind im Franz-Marc-Museum Werke des expressionistischen Künstlers zu bestaunen. Eine Kaffeepause im Museumsrestaurant kommt gerade recht, denn dann geht es *ein Stück am Kochelsee entlang*, und schließlich erfordert die durch dichten Wald führende ❺ Kesselbergstraße volle Aufmerksamkeit. Sie ist nur 9 km lang, überwindet dabei aber in engen Serpentinen 280 Höhenmeter und besitzt mehrere schöne Aussichtspunkte.

9 km
❸ Kloster Benediktbeuern
7,5 km
❹ Kochel am See
7 km
❺ Kesselbergstraße
9 km

## DIE GIPFEL IM BLICK

Am Westufer des ❻ Walchensees ➤ S. 81 hast du freien Blick auf die auf dem See tanzenden Surfer, dann *führt die Tour nach Süden weiter*, wo in ❼ Wallgau der berühmte Gasthof zur Post über und über mit Lüftlmalereien geschmückt ist. Karwendel- und Wettersteingebirge sind nun ganz nah, Zug- und Alpspitze mit

❻ Walchensee
11 km
❼ Wallgau

Der idyllische, auf rund 750 m Höhe liegende Sylvensteinsee ist in Wirklichkeit ein Stausee

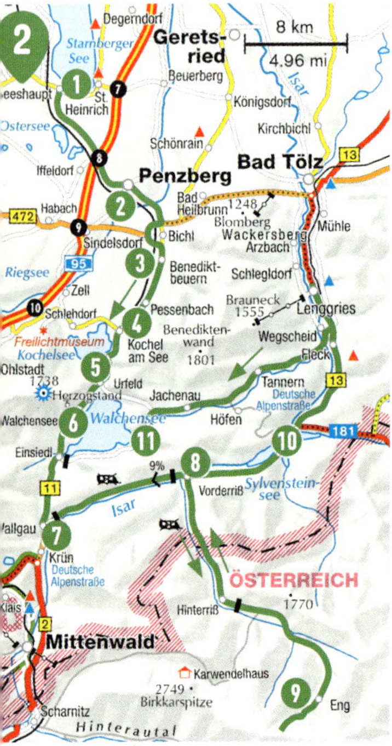


ihren markanten Felspyramiden leicht zu erkennen. *Nun folgt die Route der Isar nach Osten (Mautstraße 4 Euro).* Das malerische Dorf **8 Vorderriß** liegt schon mitten im **Alpenpark Karwendel,** dessen schroffe Berge steil aus dem Tal aufsteigen. Hier lohnt ein *Abstecher am Rißbach entlang nach Österreich: Über Hinterriß erreichst du das Almdorf* **Eng** auf dem **9 Großen Ahornboden** in 1227 m Höhe *(Maut Hinterriß–Eng 4,50 Euro).* Das mit über 2000 uralten Bergahornbäumen bestandene Hochtal ist vor allem im Herbst ein Touristenmagnet; dann verwandelt es die rotgoldene Färbung der Blätter in eine Märchenlandschaft. Zur Mittagseinkehr lädt der familiär geführte **Alpengasthof Eng** *(Mai–Nov. tgl. 11–21 Uhr | Tel. +43 5245 231 | eng.at | €€).* Eine gemächliche **Wanderung zum Enger Grund** führt *rund 6 km vom Parkplatz vorbei an den Engalmen und dem Bach folgend ins Tal hinein bis zum Talschluss.* Dort wartet, eingerahmt von den Felswänden der **Spitzkar-** und der **Dreizinkenspitze,** ein von der Natur geschaffenes Theaterhalbrund.

13,5 km

**8 Vorderriß**

24 km

**9 Großer Ahornboden**

36 km

**10 Sylvensteinsee**

*Auf gleicher Strecke fährst du bis Vorderriß zurück, folgst der Straße 307 weiter nach Osten und erreichst den* **10 Sylvensteinsee** mit einem schönen Aussichtspunkt, wo die Straße den See überquert. *Dort, wo die Isar den See nach Norden verlässt, biegt die Route ebenfalls nach Norden auf die B 13 in Richtung Lenggries* ➤ *S. 85* *ein.* Kiesbänke und Auwälder säumen den Fluss, und seltene Vögel wie Eisvogel oder Graureiher sind zu erspähen. *Beim Weiler Holz kurz vor Lenggries geht es nach Westen in Richtung Jachenau* ➤ *S. 82* *(Maut 4 Euro). Folg dem Wasserlauf der Jachen,* der bei **Niedernach** in den **11 Walchensee** mündet. Hier lädt die **Waldschänke Niedernach** *(Do/Fr geschl. | Nieder-*

37 km

**11 Walchensee**

*nach 55 ½ | Tel. 0804 1021 | €)* zur Rast und der Walchenseestrand davor zu einem eiskalten Bad.

## 3 DURCHS UNBEKANNTE OBERBAYERN

- Entlang der Ufer der Altmühl radeln
- Ein römisches Weltkulturerbe besuchen
- Den feinsten Lammbraten der Region genießen

Freising — Eichstätt

Auto 145 km, Rad 80 km

2 Tage, reine Fahrzeit Auto 2 Std., Rad 5,5 Std.

Mitnehmen: Sonnenschutz, Badesachen, evtl. eigenes Fahrrad und Kletterausrüstung

Der Freizeitbus Nord fährt nur Sa/So zwischen Mai und September, Fahrplan auf *naturpark-altmühltal.de*. Leihfahrrad rechtzeitig reservieren bei **Fahrradverleih SozTech Eichstätt** *(15 Euro | Gemmingenstr. 22 | mobil 01774 126214 | soztechservice.de)*

### STÄDTE MIT VIEL KULTUR DURCHSTREIFEN

1 Freising ➤ S. 122 mit seinem von den Brüdern Asam schneeweiß stuckierten Dom Mariä Geburt ist Startpunkt der kombinierten Auto- und Fahrradtour. Nach der Besichtigung des Gotteshauses geht es *über die A 9* nach 2 Ingolstadt ➤ S. 120 mit seinem imposanten Festungsring und der romantischen Altstadt. Ein Mittagssnack im Le Café *(Mo–Fr 7–24, Sa/So ab 9 Uhr | Schrannenstr. 1)*, dann führt *die B 16 nach Westen* ins Renaissancestädtchen 3 Neuburg an der Donau ➤ S. 122. Nach dem Stadtbummel stillen Kaffee und Kuchen den Hunger im Vivat am Schloss, bevor du dich nach 4 Eichstätt ➤ S. 118 aufmachst, wo Dom, Willibaldsburg und schließlich auch ein Bett im Schönblick *(schoenblick-hotel.net)* warten. Ein deftiges Abendessen im Gasthof Krone beschließt den Tag.

**TAG 1**

1 Freising

60 km

2 Ingolstadt

25 km

3 Neuburg an der Donau

22 km

4 Eichstätt

| | |
|---|---|
| **TAG 2** | |
| 18 km | |
| ❺ Dollnstein | |
| 2 km | |
| ❻ Burgsteinfelsen | |
| 6 km | |
| ❼ Obereichstätt | |

## SICH DER NATUR ANNÄHERN

Am nächsten Morgen nimmst du zusammen mit deinem Fahrrad früh um 9 Uhr *den Regionalzug vom Bahnhof Eichstätt nach* ❺ **Dollnstein** *(etwa stündl.)*, das du sechs Minuten später erreichst. *Der Radweg beginnt nördlich der noch ganz von einer Wehrmauer umschlossenen Altstadt und führt unterhalb des imposanten* ❻ **Burgsteinfelsens,** an dem zu jeder Jahreszeit Kletterer unterwegs sind, *in Richtung Eichstätt* (16 km). Die Landschaft des Altmühltals mit hellgrau leuchtenden Dolomitfelsen, von Wacholder bestandenen Hängen und Steppenheide ist um ❼ **Obereichstätt** besonders charakteristisch. *Eichstätt passierend begleitest du auch die folgenden 27 km über Pfünz und Walting die mäandernde Altmühl*, an deren Uferwiesen häufig Schafe grasen. Den würzigen Weiden verdankt das Fleisch der Tiere seinen aromatischen Geschmack. Beim Mittagessen im Biergarten **8 Zum alten Wirt** *(Mo geschl. | Tel. 08465 17 35 30 | St. Marienstr. 4 | zum-alten-wirt.com | €€) direkt am Radweg* wirst du es schmecken. In **Kipfenberg** erwartet das **9 Römer- und Bajuwarenmuseum** *(Juni–Aug. tgl. 10–18, April/Mai, Sept./Okt. tgl. 10–16, Winter So 10–16 Uhr | Eintritt 5 Euro | Burg 1 | bajuwaren-kipfenberg.de)* auf der Burg einen Besuch. Hier streift die Tour den Verlauf des römischen Limes, der zum Unesco-Welterbe zählt und den das Museum anschaulich dokumentiert. *Kurz vor Kinding (6 km) unterquert der Radweg die A 9, dann folgt er dem Fluss weitere 11 km bis Beilngries.* Unterwegs bietet ein Sprung in den **10 Kratzmühlsee** eine willkommene Erfrischung an heißen Tagen. Im **Seerestaurant** *(tgl., Okt.–April nur So)* gibt es Kaffee und Kuchen, dann nimmst du die letzten 2 km unter die Pedale. **11 Beilngries** besitzt ein zauberhaftes historisches Stadtbild mit Häusern aus dem 16.–18. Jh. *Von Beilngries-Hafen bringt dich der Freizeitbus Linie Nord am Wochenende samt Rad zurück nach* **12 Eichstätt.**

27 km
**8 Zum alten Wirt**
9 km
**9 Römer- und Bajuwarenmuseum**
11 km
**10 Kratzmühlsee**
6 km
**11 Beilngries**
34 km
**12 Eichstätt**

Der 45 m hohe Burgsteinfelsen am Altmühltal-Radweg zieht Biker und Kletterer an

# 4 VOM HEIMGARTEN ZUM HERZOGSTAND

- Auf dem Berggrat zum Herzogstand wandern
- Eine urige Brotzeit auf der Alm genießen
- Im Panoramablick wie ein König schwelgen

Herzogstandbahn

Walchensee

12 km

1 Tag, reine Gehzeit 7 Std.

mittel

1000 m

Mitnehmen: Stabiles Schuhwerk, Proviant, Kompass-Wanderkarte Nr. 7
Alternativ zur Talfahrt kannst du auch zu Fuß vom Herzogstand absteigen (+ 1,5 Std.).
Fahrplan der 1 **Herzogstandbahn** auf *herzogstandbahn.de*

1 Herzogstandbahn

6 km

2 Heimgarten-Hütte

100 m

**DURCH DEN WALD ZUM GIPFEL**

Die Tour startet am Parkplatz der 1 **Herzogstandbahn** ➤ S. 81. *Der Ausschilderung in Richtung Heimgarten folgend* geht es die ersten 15 Minuten weitgehend flach, dann in Serpentinen teils steil bergan. Immer wieder gibt der schattige Bergwald den Blick auf den im Tal glitzernden Walchensee frei. Nach rund 1 Stunde 45 Minuten sind bereits Hütte und Gipfel des Heimgartens in Sicht, doch zunächst musst du noch einen *relativ steilen Anstieg* von einer knappen Stunde bewältigen. Von der Terrasse der kleinen 2 **Heimgarten-Hütte** *(Mitte Mai–Okt. tgl. 9–17 Uhr | heimgartenhuette.de | €)* eröffnet sich dir ein herrlicher Rundblick von der Karwendelspitze bis zum Wettersteingebirge, und ein Brotzeitteller ersetzt die verbrannten Kalorien. Schwindelfrei sollte man bei der Überquerung des Grats zwischen Heimgarten und Herzogstand sein, wenngleich er ziemlich breit ist. Doch keine Angst: Schwierige Stellen sind mit Drahtseilen gesichert.

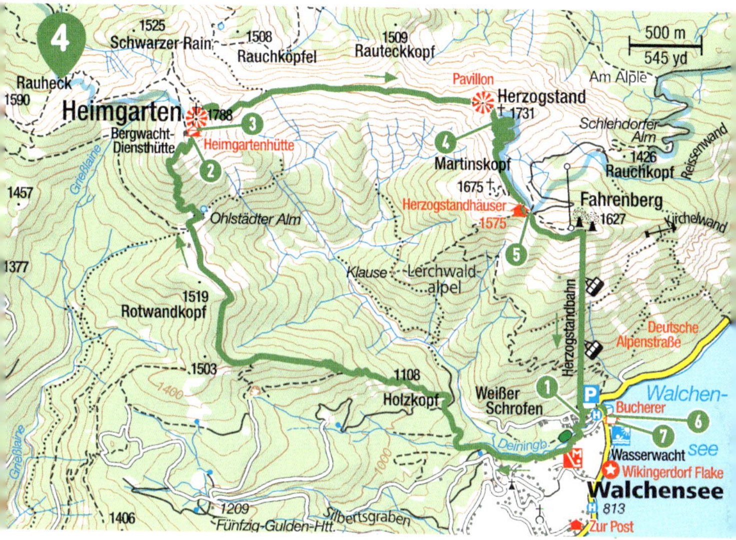


## WO WANDERER-BELOHNUNGEN WARTEN

Am ❸ **Gipfel des Heimgartens** ist das Panorama einfach königlich, links der Kochel-, rechts der Walchensee und hinter ihm Wetterstein, Karwendel und Benediktenwand. Nach eineinhalb Stunden *auf nahezu gleicher Höhe gehend* kommst du am ❹ **Herzogstand** an. Von dessen von König Ludwig II. gebauten **Gipfelpavillon** genießt du ein weiteres Mal den phantastischen Rundblick, bevor du dich auf den *Abstieg zum* ❺ **Berggasthof** *(Di geschl., im Winter nur Fr–So | Tel. 08851 234 | berggasthaus-herzogstand.de | €€)* (30 Min.) machst, wo du dich mit einem Spezi und einem Wurstsalat stärkst. Spätestens jetzt hat die Zivilisation dich wieder: Dank der Seilbahn herrscht meist ziemlicher Rummel. Um nicht lange für dein Seilbahnticket anstehen zu müssen, kannst du es auch online unter *herzogstandbahn.de* buchen. Ganz bequem trägt dich *die Seilbahn der Herzogstandbahn wieder hinunter*. Nahe beim Parkplatz lockt zum Tourabschluss das ❻ **Strandcafé Bucherer** *(Sommer tgl. 11–17 Uhr)*. Kaffee und Kuchen sowie einen Sprung in den kristallklaren ❼ **Walchensee** ➤ S. 81 hast du dir nach dieser Wanderung redlich verdient.

**INSIDER-TIPP**
**Zeit sparen**

❸ Gipfel des Heimgartens

2,5 km

❹ Herzogstand

1,3 km

❺ Berggasthof

2 km

❻ Strandcafé Bucherer

20 m

❼ Walchensee

# GUT ZU WISSEN

## DIE BASICS FÜR DEINEN URLAUB

## ANKOMMEN

### ANREISE

Mit dem Auto erreichst du die oberbayerischen Ferienziele von Norden über die A 9 von Nürnberg nach München. Von Osten führen die A 8 von Salzburg, von Süden die A 12 von Kufstein, von Westen die A 96 von Konstanz sowie die A 8 von Stuttgart nach Oberbayern. Auf der A 95 gelangst du von München in Richtung Garmisch-Partenkirchen.

Vom Münchner Hauptbahnhof fahren Regionalzüge alle größeren Orte Oberbayerns an. Mit dem Bayernticket und anderen Sondertarifen können Einzelreisende, Familien oder kleine Gruppen (max. 5 Pers.) die Region günstig bereisen (25 Euro plus 7 Euro für jede weitere Pers.). Auskunft zu den Regionalverbindungen: *bayern-fahrplan.de*

Mehrere Flüge täglich gehen zum Flughafen München *(munich-airport.de)*. Je nach Ziel lohnt es sich auch, Salzburg *(salzburg-airport.com)* oder Memmingen im Allgäu *(allgaeu-airport.de)* anzufliegen. Mit dem Mietwagen bist du von hier schnell auf der Autobahn, die S-Bahn braucht 40 Minuten bis zum Hauptbahnhof.

Fernbusse wie Flixbus *(flixbus.de)* machen mit Billigtarifen der Bahn Konkurrenz; sie fahren München, Ingolstadt, Aichach, Augsburg und Garmisch-Partenkirchen an. Über den regionalen Busverkehr informiert *rvo-bus.de*. Gut erschlossen ist das Bussystem rund um den Chiemsee.

### AUSKUNFT

Viele touristisch relevanten Infos findest du unter *oberbayern.de* mit Links zu Unterregionen und Orten. Eine interaktive Karte hilft dir bei der Orientierung.

Für viele Klettersteige der Chiemgauer Alpen empfiehlt sich eine Ausrüstung samt Helm

**TOURISMUSVERBAND MÜNCHEN-OBERBAYERN**
*Prinzregentenstr. 89 | 81675 München | Tel. 089 638 95 87 90 | oberbayern.de*

**DEUTSCHER ALPENVEREIN**
*Servicepoint im Globetrotter | Isartorplatz 8–10 | 80331 München | Tel. 089 2 90 70 90 | alpenverein.de*
*Servicepoint im Sport Schuster Marienplatz | Rosenstr. 1–5 | 80331 München | Tel. 089 5 51 70 00*

**KLIMA & REISEZEIT**
Wanderer und Radfahrer haben vom späten Frühjahr bis in den Spätherbst Chancen auf gutes Wetter – September und Oktober sind häufig golden. Einzig der Juni ist oft verregnet.
Wenn Mitte September das Oktoberfest in München stattfindet, ist die Region oft proppenvoll, die Hoteliers langen bei den Übernachtungspreisen saftig zu. Wintersportler können ab Anfang Januar bis Mitte April mit stabilen Schneeverhältnissen rechnen. Autofahrer sollten an Schneeketten denken. Der *Lawinenlagebericht (Tel. 089 92 14 15 10)* informiert Tourengeher, Skifahrer und Schneeschuhwanderer.

# WEITER-KOMMEN

**ÖFFENTLICHE VERKEHRSMITTEL**
Wer sich eine Region Oberbayerns aussucht, kommt gut ohne Auto klar. Willst du aber mehrere abfahren, ist ein Mietwagen praktisch, ansonsten musst du mit Bus und Bahn oft umsteigen. An Tegernsee und Chiemsee kannst du die Busse mit der Gästekarte gratis nutzen. Fahrpläne sind auf

*bayern-fahrplan.de, rvo-bus.de* sowie auf den Websites der Tourismusinformationen zu finden und liegen in den Touristinfos aus.

INSIDER-TIPP **Hilfe bei müden Waden** Die Busse sowohl im Altmühltal als auch im Chiemgau ziehen einen Radanhänger hinter sich her. Hier kannst du dein Bike gegen einen kleinen Aufpreis aufladen.

# IM URLAUB

## INTERNET & WLAN

Oberbayern ist in fast allen Regionen gut versorgt. Rund um den Chiemsee kommt es allerdings immer wieder zu Funklöchern. Internetverbindungen auf Bergen oder in abgelegenen Tälern kommen schwer zustande. Gratis-WLAN kannst du in allen größeren Touristenorten und Hotels erwarten.

## OBERBAYERN CARD

Mit der *Oberbayern Card (48 Stunden gültig | 35,90 Euro | oberbayern-card.info)* bekommst du viele Preisermäßigungen, oft auch kostenlosen Eintritt oder Führungen. Das Gleiche gilt für die Gästekarten der jeweiligen Region. Die *ZugspitzCard (zugspitzcard.de)* verschafft dir für drei Tage freien Eintritt in Museen und Schwimmbäder sowie Bergbahnen. Preis 60 Euro.

## ÖFFNUNGSZEITEN

Warmes Essen in Restaurants gibt es oft nur bis 21 Uhr. Am Wochenende solltest du im Sommer frühzeitig einen Tisch reservieren. Post, Banken und Geschäfte sind in ländlichen Regionen häufig eingeschränkt geöffnet; sie schließen bereits um 18 Uhr (Mittagspause 12–14 Uhr), samstags um 12 Uhr. Auch die Touristinfos haben nicht durchgehend geöffnet.

## FEIERTAGE

| | |
|---|---|
| **1. Jan.** | Neujahr |
| **6. Jan.** | Heilige Drei Könige |
| **März/April** | Karfreitag, Ostermontag |
| **1. Mai** | Tag der Arbeit |
| **Mai/Juni** | Christi Himmelfahrt, Pfingstmontag, Fronleichnam |
| **15. Aug.** | Mariä Himmelfahrt |
| **3. Okt.** | Tag der Deutschen Einheit |
| **1. Nov.** | Allerheiligen |
| **25./26. Dez.** | Weihnachten |

## SCHIFFSTOUREN

Auf dem Chiemsee fahren regelmäßig Dampfer. Nach Herrenchiemsee gelangt ihr am schnellsten von Prien aus; die Überfahrt dauert 15 Minuten und kostet einfach 6,40 Euro. Die große Seerundfahrt *(Dauer 2,5 Std. | chiemsee-schifffahrt.de)* kostet 13,60 Euro.

Am Tegernsee werden Rottach-Egern, Bad Wiessee, Gmund und Tegernsee angefahren. Die *Große Rundfahrt* dauert 90 Minuten und kostet 15,70 Euro. Zwei Mal darfst du dabei aussteigen. Mit der *TegernseeCard* sind zwei Gratisfahrten pro Tag drin.

Auf Ammersee und Starnberger See werden auch alle großen Ortschaften angelaufern. Die *Große Rundfahrt* auf

# FESTE & EVENTS

## RUND UMS JAHR

### JANUAR/FEBRUAR

Zum ***Fasching*** machen die Burschen in der Karwendelregion mit holzgeschnitzten Masken die Dörfer unsicher. Höhepunkt ist der ***Unsinnige Donnerstag*** in Mittenwald.

### MÄRZ/APRIL

Mitte März swingt ganz Burghausen bei der ***Jazzwoche*** *(b-jazz.com)*.

### MAI/JUNI

Das Aufstellen des ***Maibaums*** ist in vielen Dörfern ein feuchtfröhliches Fest.
Töpfer aus ganz Europa kommen zum ***Dießener Töpfermarkt*** an Christi Himmelfahrt. *diessen.de*
Sehenswerte ***Johannisfeuer*** zur Sommersonnenwende am 21. Juni u.a. auf dem Brauneck und dem Wallberg.
Bei den ***Waldfesten*** am Tegernsee wird getanzt und geflirtet (Foto). *waldfest.de*

### JULI/AUGUST

Die Ritter sind los: beim ***Kaltenberger Ritterturnier*** (Schloss Kaltenberg) und bei den ***Ritterschauspielen*** in Kiefersfelden. *ritterturnier.de, ritterschauspiele-kiefersfelden.de*
***Herrenchiemsee-Festspiele*** zu Ehren Ludwigs II. *herrenchiemsee-festspiele.de*
***Heimatsoundfestival:*** Bands aus Bayern spielen modernen Alpensound in Oberammergau. *passionstheater.de*

### SEPTEMBER

Beim ***Rosenheimer Herbstfest*** wird zünftig im Bierzelt gefeiert – die Schwester vom Oktoberfest ist eine große Gaudi! *herbstfest-rosenheim.de*
Ende September beginnt die Zeit der ***Almabtriebe***. Z. B. am ***Königssee***, bei dem die Rinder mit Booten übergesetzt werden.

### DEZEMBER

Der ***Christkindlmarkt auf der Fraueninsel*** an den ersten zwei Adventswochenenden ist besonders romantisch. In Berchtesgaden jagen die ***Perchten*** am 5. und 6. Dez. durch den Ort.

dem Starnberger See dauert 3 Std. 40 Min. (19.30 Euro), schöner ist die Schlösserfahrt mit 1 Std. 40 Min. (15,20 Euro). Am Ammersee dauert die *Große Rundfahrt* (19.70 Euro) 3,5 Std.
Auf dem Königssee verkehren Elektromotorboote von der Anlegestelle Königssee nach Sankt Bartholomä *(hin und zurück 17 Euro)* und nach Salet/Obersee *(hin und zurück 20,50 Euro | seenschifffahrt.de)*. Hunde müssen an Bord einen Maulkorb tragen.

## UNTERKUNFT

### CAMPING

An die 100 Campingplätze gibt es in ganz Oberbayern. Viele davon liegen schön am Starnberger See, Chiemsee oder Waginger See *(z. B. am Pilsensee, camping-pilsensee.de oder in Waging, strandcamp.de)*. Verbreitet ist auch das *Glamping*, bei dem ihr in Chalets oder ausgebauten übergroßen Holzfässern übernachten könnt.

### GRÜN & FAIR REISEN

Du willst beim Reisen deine $CO_2$-Bilanz im Hinterkopf behalten? Dann kannst du deine Emissionen kompensieren *(atmosfair.de; myclimate.org)*, deine Route umweltgerecht planen *(routerank.com)* oder auf Natur und Kultur *(gate-tourismus.de)* achten. Mehr über ökologischen Tourismus erfährst du hier: *oete.de* (europaweit); *germanwatch.org* (weltweit).

INSIDER-TIPP **Schlafen wie die Inuit**

Ein Erlebnis ist die Nacht in einem Iglu auf der Zugspitze. Bevor du unter die Felle schlüpfst, gibt es Fondue und ein Bad im Jacuzzi. Die *Iglus (ab 418 Euro | iglu-dorf.com)* sind meistens schon ab Herbst für die Winterwochenenden ausgebucht, also reservier rechtzeitig.

### JUGENDHERBERGEN

Vorbei die Tage, als Jugendherbergen muffelige Mehrbettzimmer bedeuteten. Heute sind sie bequem wie ein schlichtes Hotel. Die in Bischofswiesen/Berchtesgaden etwa gilt als erste Design-Jugendherberge Deutschlands. Auch die in Oberammergau und Garmisch sind frisch renoviert und schön. Eine Übersicht findest du unter *jugendherberge.de*.

### URLAUB AUF DEM BAUERNHOF

Für Kinder ein großer Spaß, für Erwachsene eine kostengünstige Alternative zu Hotels. Urlaub auf dem Bauernhof ist in Oberbayern fast überall möglich. Doch: Viele Vermieter nehmen Gäste nur bei einem Mindestaufenthalt von drei oder vier Tagen auf. Infos unter *bauernhof-urlaub.com*

# NOTFÄLLE

## BERGWACHT

Bayern hat insgesamt 300 Hilfsstellen der *Bergwacht (Tel. 08041 794380 | bergwacht-bayern.de)*. Bei größeren

Bergtouren sagt im Hotel Bescheid und gebt eure geplante Route an. Das alpine Notsignal: Sechsmal innerhalb einer Minute muss ein hör- oder sichtbares Zeichen/Rufen gesetzt und das Signal nach einer Minute Pause wiederholt werden. Das Antwortsignal erfolgt dann dreimal pro Minute.

**GESUNDHEIT**

Bis auf München und der westlich davon gelegene Landkreis Fürstenfeldbruck gilt ganz Bayern als FSME-Risikogebiet. Wer viel in der Natur unterwegs ist, sollte also über eine Zeckenimpfung nachdenken *(zecken.de)*. Zusätzlich schützen langärmelige Shirts und Hosen. Solltest du gebissen werden, such auf jeden Fall einen Arzt auf. Im Fünfseenland gibt es außerdem viele Mücken. Nimm bei Dämmerung unbedingt ein Mückenspray mit.

**NOTFALLNUMMERN**

*Polizei (1 10), Notarzt, Feuerwehr (1 12)*

**WAS KOSTET WIE VIEL?**

| | |
|---|---|
| **Kaffee** | 2,90 Euro *für einen Cappuccino* |
| **Bier** | 3,80/7,50 Euro *für 0,5 l Helles/für eine Maß* |
| **Brotzeit** | 8/4,40 Euro *für den Wurstsalat/die Fischsemmel* |
| **Seilbahn** | 21 Euro *Berg- und Talfahrt* |
| **Fähre** | 8 Euro *für eine Dampferfahrt* |
| **Fahrrad** | ab 10 Euro/Tag *Leihgebühr* |

## WETTER IN BAD TÖLZ

Hauptsaison
Nebensaison

| | JAN. | FEB. | MÄRZ | APRIL | MAI | JUNI | JULI | AUG. | SEPT. | OKT. | NOV. | DEZ. |
|---|---|---|---|---|---|---|---|---|---|---|---|---|
| Tagestemperaturen | 2° | 4° | 9° | 13° | 17° | 21° | 23° | 22° | 19° | 13° | 7° | 3° |
| Nachttemperaturen | -6° | -5° | -2° | 3° | 6° | 10° | 12° | 12° | 9° | 4° | 0° | -4° |
| Sonnenschein Stunden/Tag | 3 | 3 | 5 | 6 | 6 | 6 | 7 | 7 | 5 | 5 | 3 | 2 |
| Niederschlag Tage/Monat | 16 | 15 | 15 | 16 | 17 | 19 | 18 | 18 | 14 | 13 | 14 | 15 |

Sonnenschein Stunden/Tag
Niederschlag Tage/Monat

# URLAUBS FEELING

## ZUM EINSTIMMEN & AUSKLINGEN

## LESESTOFF & FILMFUTTER

### MITTELREICH

So grantig und heimatverbunden wie Josef Bierbichler erzählt keiner über 100 Jahre Familiengeschichte: Der Streit über das Gasthaus am Starnberger See mit saftig-deftigen Beobachtungen ist Literatur vom Feinsten. (2011)

### HANNES

Nach einem Motorradunfall liegt Hannes im Koma. Sein Freund Uli schreibt ihm vom Alltag in Bayern, den Erinnerungen und dem, was Freundschaft ausmacht. Autorin Rita Falk (Eberhofer-Krimis) zeigt hier ihre emotionale Seite. (2013)

### HINDAFING

Die Serie um einen korrupten Politiker in Bayern war für den Grimme-Preis nominiert. Hauptdarsteller Maximilian Brückner spielt überragend und furchterregend. (ARD-Mediathek, 2017)

### WILLKOMMEN BEI DEN HARTMANNS

Die Komödie erzählt die Geschichte des nigerianischen Flüchtlings Diallo, der in Bayern eine Heimat findet. Amüsant erzählt mit Florian David Fitz, Senta Berger, Heiner Lauterbach, Elyas M'Barek und Palina Rojinski in den Hauptrollen. (2016)

# PLAYLIST NEUE VOLXMUSIK

0:58

**LABRASSBANDA – AUTOBAHN**
Die Band vom Chiemsee prägte einen neuen Regio-Sound. Mit Blechinstrumenten und frecher Mundart

**SPIDER MURPHY GANG – SOMMER IN DER STADT**
Der entspannte Song beschreibt zwar die Stadt, aber auch das Lebensgefühl der Bayern.

**ZWOA BIER – KATER-SONG**
Songs mitten aus dem Leben. Immer greifbar: ein kühles Helles

**DICHT UND ERGREIFEND – ZIPFESCHWINGA**
Hip-Hop auf Bairisch „funzt", Harmonika und Trompete sorgen für weiß-blauen Gangsta-Sound.

**DJANGO 3000 – BONAPARTY**
Der Gipsy-Sound der Band aus dem Chiemgau funktioniert selbst, wenn man die Texte nicht versteht. Dabei sind die richtig clever.

Den Soundtrack zum Urlaub gibt's auf **Spotify** unter **MARCO POLO** Bayern

Oder Code mit Spotify-App scannen

## AB INS NETZ

**FACEBOOK.COM/QUER**
Die Kultsendung „Quer" des BR deckt Spezelwirtschaft und Machenschaften in Bayern auf schmerzlich-amüsante Art auf.

**KIMAPA.DE**
Die Münchner Mamas Layla und Isabella haben über 1500 Ausflugstipps für die Region zusammengestellt und mit allerlei Infos angefüttert.

**BERGFEX.DE**
Datenbank mit zahlreichen Wandertouren; darunter auch weniger bekannte. Einfach ins Suchfeld „Oberbayern" eingeben

**BIERGÄRTEN & LOKALE SÜDBAYERN**
Die App listet Biergärten und Wirtshäuser in der Nähe auf. Kleines Extra: die bairische Übersetzungshilfe

**HARRY-G.COM**
In seinen Videos veräppelt Comedian Harry G ordentlich die Bayern und ihre Eigenarten. Auch die „Zuagroasten" bekommen's ab. Doch: Ein Funken Wahrheit steckt in jeder Geschichte drin.

# TRAVEL PURSUIT

## DAS MARCO POLO URLAUBSQUIZ

**Weißt du, wie Oberbayern tickt? Teste hier dein Wissen über die kleinen Geheimnisse und Eigenheiten von Land und Leuten. Die Lösungen findest du in der Fußzeile. Und ganz ausführlich auf den S. 20–25.**

**❶ Welches Bier kommt nicht aus Bayern?**
**a)** Helles
**b)** Radler
**c)** Pils

**❷ Welches Schloss wurde nicht vom Märchenkönig Ludwig II. gebaut?**
**a)** Neuschwanstein
**b)** Herrenchiemsee
**c)** Schloss Berg

**❸ Wo kannst du Lüftlmalerei entdecken?**
**a)** An Almhütten
**b)** An Bürgerhäusern
**c)** An Urnengräbern

**❹ Eine Frau, die die Schleife ihrer Dirndlschürze links trägt, darf …**
**a)**… angeflirtet werden. Sie ist Single
**b)**… um ein Bier gebeten werden. Sie ist Kellnerin
**c)**… nach einem Wandertipp gefragt werden. Sie arbeitet für die Touristeninformation

**❺ Welche Baustile herrschen in vielen bayerischen Klöstern und Kirchen vor?**
**a)** Jugendstil und Moderne
**b)** Barock und Rokoko
**c)** Gotik und Romanik

Lösungen: 1c, 2c, 3b, 4a, 5b, 6a, 7b, 8a, 9c, 10c, 11b

Bayern lieben ihr heimisches Bier. Was kommt in ihre Gläser: Helles oder Pils?

**❻ Welchen Wind liebt und hasst der Bayer zugleich, weil er ihm Panoramablick und Kopfweh beschert?**

**a)** Föhn
**b)** Scirocco
**c)** Mistral

**❼ Welches Getränk ist zurzeit bei jungen Bayern besonders beliebt?**

**a)** Orangensaft
**b)** Spezi
**c)** Weinschorle

**❽ Was streicht sich der Bayer am liebsten auf seine Brezn?**

**a)** Obatzda
**b)** Schmelzkäse
**c)** Marmelade

**❾ Was unterscheidet Biergärten von Wirtsgärten?**

**a)** Wer eintritt, muss sich bekreuzigen
**b)** Es gibt nur kaltes Essen
**c)** Jeder darf sein eigenes Essen mitbringen

**❿ An welchem See haben sich besonders viele Prominente niedergelassen?**

**a)** Am Königssee
**b)** Am Waginger See
**c)** Am Starnberger See

**⓫ Welches geflügelte Wort beschreibt das moderne Oberbayern besonders gut?**

**a)** Bier & Business
**b)** Laptop & Lederhose
**c)** Geld & Gänsebraten

## REGISTER

## LOB ODER KRITIK? WIR FREUEN UNS AUF DEINE NACHRICHT!

Trotz gründlicher Recherche schleichen sich manchmal Fehler ein. Wir hoffen, du hast Verständnis, dass der Verlag dafür keine Haftung übernehmen kann.

**MARCO POLO Redaktion • MAIRDUMONT • Postfach 31 51**
**73751 Ostfildern • info@marcopolo.de**

**Impressum**
Titelbild: Eibsee (Schapowalow Images: F. Carovillano)
Fotos: A. K.: Koophamel (147); huber-images: C. Bäck (100, 103, 104, 112), Gräfenhain (76/77), Huber (54), M. Rellini (81), R. Schmid (Klappe außen, 1, 12, 26/27, 44, 64, 68, 70, 72, 74, 82, 84, 89, 90/91, 93, 94/95, 111, 122, 129); iStock: hrabar (29), juergen2008 (11), D. Meyrl (142/143); iStock/DeluXe-PiX (144/145); iStock/FooTToo (Klappe innen); Laif: D. Denger (14/15, 16/17, 139); Look: N. Eisele-Hein (136/137), J. Greune (28, 30, 40/41, 52, 56/57), C. Jorda (106), T. Stankiewicz (67), A. Strauß (124, 133), F. Werner (47); mauritius images: W. Filser (2/3), S. Hefele (49), B. Römmelt (24), U. Siebig (119), J. Warburton-Lee/N. Eisele-Hein (36); mauritius images/Hemis.fr: R. Mattes (6); mauritius images/imagebroker: M. Moxter (32), D. Schönen (63), M. Siepmann (10, 87, 114/115); mauritius images/Westend61: L. u. W. Bahnmüller (13), T. Chance (33); picture-alliance/APA/picturedesk.com: M. Kuhnke (22/23); picture-alliance/dpa: M. Balk (21); Shutterstock: D. D. Mann (50); Shutterstock/FooTToo (98); Shutterstock/Sina Ettmer Photography (108); vario images/imagebroker (60); vario images/Westend61: A. Fuchs (34/35), S. Schurr (8/9)

**14. Auflage 2021, komplett überarbeitet und neu gestaltet**

Autorinnen: Anne Kathrin Koophamel, Daniela Schetar
Redaktion: Marlis v. Hessert-Fraatz, Christina Sothmann
Bildredaktion: Stefanie Wiese
Kartografie: © MAIRDUMONT, Ostfildern (S. 38–39, 126, 130, 132, Umschlag außen, Faltkarte); Kompass Karten GmbH, A-Innsbruck © MAIRDUMONT, Ostfildern (S. 135); © MAIRDUMONT, Ostfildern, unter Verwendung von Kartendaten von OpenStreetMap, Lizenz CC-BY-SA 2.0 (S. 42–43, 58–59, 69, 78–79, 96–97, 116–117, 121)
Als touristischer Verlag stellen wir bei den Karten nur den De-facto-Stand dar. Dieser kann von der völkerrechtlichen Lage abweichen und ist völlig wertungsfrei.
Gestaltung Cover, Umschlag und Faltkartencover: bilekjaeger_Kreativagentur mit Zukunftswerkstatt, Stuttgart; Gestaltung Innenlayout: Langenstein Communication GmbH, Ludwigsburg
Texte hintere Umschlagklappe: Lucia Rojas
Konzept Coverlines: Jutta Metzler, bessere-texte.de

Printed in Poland

MIX
Paper from responsible sources
FSC® C018236

MARCO POLO AUTORIN
**ANNE KATHRIN KOOPHAMEL**
Wie engstirnig Oberbayern sein können, erfuhr die Starnbergerin schon in der Schule: Ihren nordischen Familiennamen vermochte keiner richtig auszusprechen – weshalb sie heute noch gern Tische auf „Schweinsteiger" reserviert. Den Namen muss sie wenigstens nicht buchstabieren. Sie arbeitet als freie Journalistin in München, holt sich Inspiration, Adrenalin und Bodenhaftung aber immer noch am liebsten am See.

# BLOSS NICHT!

## FETTNÄPFCHEN UND REINFÄLLE VERMEIDEN

### IN FLIPFLOPS WANDERN

Mit der Seilbahn auf den Herzogstand und dort dann in Sandalen auf den Gipfel, nichts zu trinken dabei und keinen Wind- oder Sonnenschutz – das kann schlimm enden. Auch wenn der Berg harmlos erscheint und die Wanderung kurz – du solltest stets festes Schuhwerk, Windjacke und Wasser dabeihaben!

### DIE MASS UNTERSCHÄTZEN

Bayerisches Bier ist kräftig, Starkbier erst recht. Es ist durchaus nicht ehrenrührig, sich mit einer einzigen Maß (einem Liter) zu begnügen oder das Bier mit Limo verdünnt als Radler zu genießen. Trendgetränk ist übrigens gerade der alkoholfreie Spezi.

### DEM HÜTTENWIRT NICHT GLAUBEN

Auch wenn der Himmel noch blau ist und sich kein Lüftchen regt: Unwetter- oder Lawinenwarnungen werden nicht einfach aus Spaß rausgegeben. Nimm sie ernst. Egal ob Wanderung, Segeltörn oder Schneeschuhtour: Informiere dich immer vor Ort über das Wetter.

### GOTTLOS LÄRMEN

Angesichts der Stuck- und Freskenorgien in den Kirchen fällt es schwer, Erstaunen und Begeisterung zu kanalisieren. Doch, pst, versuch leise zu juchzen. In Bayern wird tatsächlich in Kirchen noch gebetet, auch unter der Woche. Bitte fotografier auch keine Menschen während der Andacht.

### NATURSCHUTZ IGNORIEREN

Enzian und Edelweiß sind leicht zu erkennen, und einen Biberbau wirst du kaum beschädigen. Doch: Achte die Natur. Bleib auf den Wegen und nimm deinen Müll mit. Das gleiche gilt für Kuhweiden: Quere sie nur, wenn es nicht anders geht, und mach einen Bogen um die Kälbchen.